中国科学家妈妈讲**大国重器**

随"蛟龙"探深海

唐立梅——著

中国妇女出版社

图书在版编目（CIP）数据

随“蛟龙”探深海 / 唐立梅著. -- 北京 ：中国妇女出版社，2023.12（2025.2重印）
（中国科学家妈妈讲大国重器）
ISBN 978-7-5127-2341-2

Ⅰ.①随… Ⅱ.①唐… Ⅲ.①深潜器－中国－青少年读物 Ⅳ.①U674.941-49

中国国家版本馆CIP数据核字（2023）第210880号

策划编辑：肖玲玲
责任编辑：肖玲玲
封面设计：介末设计
责任印制：李志国

出版发行：中国妇女出版社
地 址：北京市东城区史家胡同甲24号 邮政编码：100010
电 话：（010）65133160（发行部） 65133161（邮购）
邮 箱：zgfncbs@womenbooks.cn
法律顾问：北京市道可特律师事务所
经 销：各地新华书店
印 刷：小森印刷（北京）有限公司

开 本：165mm×235mm 1/16
印 张：13
字 数：145千字
印 数：54,001～56,000册
版 次：2023年12月第1版 2025年2月第3次印刷
定 价：69.80元

自序

勇于探索，无畏前行

1936 年，爱因斯坦发表演讲时说："教育的首要目标永远是独立思考和判断的总体能力的培养，而不是获取特定的知识。如果一个人掌握了他的学科的基本原理，并学会了如何独立地思考和工作，他肯定会找到属于他的道路。"

2023 年 7 月，当我第一次读到这句话时，我的眼中竟然涌出了泪水，因为近年来我对此也正好有所悟。没想到，我在这里竟然和 87 年前的爱因斯坦相遇了，隔着时空与这位伟大的科学家发生了共鸣。

信仰和热爱

科学是一种信仰，用理性的思维方式构筑一个人的认知体系，用科学的思维方式普惠大众，这就是科普的意义。愿每个人都能找到自己的路，找到与世界的链接方式，找到自己的角色定位，平和坦然又带有激情地做自己热爱的事情。

从科研工作者到科学传播者、科普推广人，我找到了自己的路。这也是我在这本书里想要表达的核心：要努力找到自己热爱的事情。只有热爱，才不会迷茫。只有热爱，才会勇往直前。而所有的努力，都是为了让我们拥有选择自己的"热爱"的能力，有实现心之所向的能力。

好奇心的力量

作为一名海洋地质工作者，我曾抵达过地球的极端环境：太平洋数千米之下的幽深海底和冰天雪地的遥远南极。这在很多人看来特别勇敢也特别神奇，他们问我是怎么做到的。我想说，除了科研工作的使命感，还有一种神奇的力量在驱使着我不停地向前，这种力量就是探索世界的好奇心！我还记得自己在上小学的时候，曾经读过法国作家凡尔纳的科幻小说经典——《海底两万里》。书中神奇的海底探险故事让我深深震撼，也激发了我探索世界的好奇心。

经过多年的读书、思考和实践，我成长为一名科研工作者。随着国家载人深潜器的应用，我幸运地体验到一场真实的海底奇幻之旅——我参加了我国第一代载人深潜器“蛟龙”号的首次科考，下潜到了2774米的西太平洋采薇海山。采薇海山是我们国家自主命名的，名字来源于《诗经·小雅·采薇》中的名句：“采薇采薇，薇亦柔止……”

真实的海底世界除了寒冷、幽暗的一面，也有光怪陆离的一面。在下潜到350米的时候，我看到了《海底两万里》中提到过的发光生物，它们就像漫天星辰，有时候聚在一起，一大串一大串地漂过去，突然又一下子散开，就像夜空中绽放的灿烂烟花，让人不禁想起辛弃疾词里的“东风夜放花千树”，真的是一个灿若烟花的海洋世界。在这里，我还看到了各种各样奇特的生物，有粉色的海参、鲜艳的海葵，还有像白玫瑰和水晶丝袜一样的玻璃海绵。怪不得人类总对深邃的大海寄托了无尽的浪漫幻想。丹麦童话作家安徒生在

《海的女儿》中的诗意描述即是一例，在他的幻想中，海底世界“生长着最奇异的树木和植物。它们的枝丫和叶子那么柔软，只要水轻微地流动一下，它们就摇动起来，好像它们是活着的东西，有的大小鱼儿在这些枝子中间游来游去，像是天空的飞鸟”。

不过，作为海洋地质工作者，虽然时常被海底的神秘和美丽所震撼，但我更关注的还是海底分布的各种矿产资源。比如，海山区的富钴结壳资源，深海盆地的锰结核资源，洋中脊的多金属硫化物资源。我国是世界上唯一一个对这三种资源都有勘探开发权的国家，我们拥有世界上第一个多金属硫化物的矿区，在太平洋和印度洋都有自己的专属探勘合同区。如今的中国正在走向世界深海舞台的中央。此外，我们对国际海底地理实体命名也有自己的命名体系——《诗经》专名体系。对三大洋命名使用的是《诗经》中的《风》《雅》《颂》，这样既传播了中华文化，也拓展了深海权益。例如，太平洋麦哲伦海山区的采薇海山、采杞海山、维嘉海山等，大西洋的如玉海脊、采蘩海山、凯风海山等，以及印度洋的龙旂热液区、天作海山、天成海山等。

勇于探索

虽然深海探测大大满足了我的好奇心，但探索是永无止境的。生命的意义在于探索，在探索的基础上进行创造，我们可以享受到创造过程中的快乐，而探索力正是生命的保鲜剂。后来，我又参加了中国南极科学考察活动，去往我国第五个科学考察站所在地——难言岛进行了野外地质考察。南极常年冰雪覆盖，每走一步都会有一个深深的雪窝，极寒的天气，极强的紫外线，还有隐伏的冰裂缝，都使得考察工作困难重重。但我们也能看到常人难以见到的美景，比如荷叶冰，它让我想起西湖的荷叶，“接天莲叶无穷碧”，“江南可采莲，莲叶何田田”。比如绚丽的极光，它让我想起曹操《观沧海》中的名句：“星汉灿烂，若出其里。”

读万卷书，行万里路。当我站在万里之外的南极中山站，看到五星红旗高高飘扬，我深深地感到，我身后是伟大的祖国，我们身处伟大的时代。正是祖国的强大和时代的进步，我们才有机会乘“蛟龙”探海，搭“雪龙”破冰。读书不仅是为了获得知识，更重要的是让我们形成理性的思维方式和独立思考的能力，让我们有一天能够为科技强国贡献自己的一份力量。能把个人理想融入民族复兴的伟大征程，参与祖国的建设，这也是读万卷书和行万里路的意义。

每当我想到青少年朋友时，脑海中便会立刻浮现出一张张青春洋溢的脸庞，一双双闪烁着无限光芒的眼睛。青少年时期是多么美好啊，已脱去了儿时的稚嫩，又没有受到现实社会的磨砺，也没有沾染半点成年人世界的世故。青少年正处于探索欲最旺盛的时候，对知识充满了渴望，如同吸收知识的海绵，有快速的信息处理能力，一分钟之内，思想都可以跑出天际。

亲爱的青少年朋友们，让我们一起吹响“科技报国”的号角，用青春创造美好未来，永远保有理想，保持好奇，以书籍为阶梯，去探索广阔的未知世界。

唐立梅
2023 年 9 月 19 日

目录

第一章 海洋科学家带你认识海洋

1 海洋的形成 004
2 海与洋是有区别的 005
3 海洋有多大 007
4 与众不同的南大洋 012
5 蓝色国土 018

第二章 为什么要探测深海

1 生命的意义在于探索 024
2 人类对海洋的探索始于何时 027
3 世界各国的海洋探索史 029
4 我们为什么要去深海探测 031
5 搭乘什么样的设备去探索深海 035
6 为什么要研发载人深潜器 043
7 “蛟龙”号的故事 047
8 “奋斗者”号的故事 052

第三章
乘“蛟龙”号去探测深海

1 怎样才能搭乘“蛟龙”号 058
2 下潜前的准备工作 062
3 起航和航渡期间 067
4 靠港波纳佩 074
5 深潜的奇幻旅程 078
6 航次结束的时候 095
7 “蛟龙”号的使命 096

第四章
海洋与地球演化的秘密

1 地球会一直是人类宜居的地方吗 100
2 海洋是生命起源的地方吗 108
3 大洋的一生 113
4 海底也有山脉吗 118
5 沧海变桑田 122
6 洋中脊之外的海底地形地貌 126

第五章
海洋的探索者和保护者

1 在海底山脉探寻矿藏 134
2 在深海盆地探寻矿藏 142
3 在滨海探寻矿藏 148
4 海洋保护 157
5 向海洋强国迈进 161

第六章
如何成为一名海洋科学家

1 海洋科学家的日常 166
2 如何参与海洋科考事业 176
3 给未来科学家的几点建议 179
4 我是如何成为科学家的 182

附录 我国涉及海洋相关专业的高校和科研机构 188

参考文献 197

第一章

海洋科学家带你认识海洋

我们的生命从海底走来，

走过了数亿年的时光。

众所周知，在我们所生活的这个蓝色星球上，陆地仅占地球表面积的29.2%，而海洋占了70.8%。浩瀚无比的海洋，给了古往今来的诗人无数灵感，给了哲学家思想上的启迪，给了科学家无穷的研究课题。海洋也一直被奉为生命的起始和源头。

如果要探索万物起源，那么被人类视为生命起源的海洋是不是也有自己的起始和源头呢？它的起始和源头又在哪里呢？世界各个民族尤其是那些海洋国家的民族极尽想象，构建恢宏的海洋神话世界，并以此来解释海洋的起源，但今天，我们已经可以用科学来解释海洋的形成以及海水的来源。

1 海洋的形成

现在的研究证明，大约在50亿年前，从太阳星云中分离出一些大大小小的星云团块，有些团块彼此结合，由小变大，形成原始的地球。星云团块在碰撞过程中，在重力作用下完成了轻、重物质分化。

地壳经过冷却定形之后，天空中水汽与大气共存于一体，形成雷电狂风、暴雨浊流，汇集成巨大的水体，这就是原始的海洋。

在原始的海洋中，经过水量和盐分的逐渐增加，以及地质历史上的沧桑巨变，原始海洋便逐渐演变成今天的海洋。

图1 原始海洋的起源（田原绘）

2 海与洋是有区别的

人们通常将海和洋统称“海洋”，但事实上，海和洋并不完全相同，二者是有区别的。如果留心世界地图，你就会发现有“海”有“洋”，以“海”命名的有黄海、东海、地中海、爱琴海、波罗的海、白令海等，以“洋”命名的有太平洋、大西洋、北冰洋等。从地图上看，也许你会猜测它们的区别是大小之分，因为海看起来比洋要小。这有几分道理，不过并不准确。

洋，是海洋的中心部分，是海洋的主体。大洋的水是蔚蓝色的，透明度很大，水中的杂质很少。世界共有 5 个大洋，即太平洋、印度洋、大西洋、北冰洋和南大洋。

海，在洋的边缘，是大洋的附属部分。海的面积约占海洋的 11%。海的水深比较浅，深度从几米到两三千米不等。我国的东海、南海就是太平洋的边缘海。

内陆海则是位于大陆内部的海，如欧洲的波罗的海等。

还有一种是几个大陆之间的海叫陆间海，水深一般比内陆海深些，如地中海。

世界主要的海将近 50 个。分布在太平洋的海最多，分布在大西洋的次之，分布在印度洋和北冰洋的数量差不多。

说到这儿，你已经明白“海”和“洋”的区别，也理解“边缘海”“内陆海”的概念了。但由于一般人并不会严苛地区分这些概念，所以，其实我们不知道安徒生笔下的小人鱼公主到底住在海底还是洋底，也不知道俄国诗人普希金脍炙人口的诗歌《致大海》中的大海到底是指“海”还是“洋”。

图2 海（上图）和洋（下图）

3 海洋有多大

法国文豪雨果曾经说过："大地是宽阔的，比大地更宽阔的是大海，比大海更宽阔的是天空，比天空更宽阔的是人的心灵。"

这句话说得很有哲理，对不对？现在，请让我们用数据来证明这句名言的前两句是正确的：海洋面积约 3.62 亿平方千米，比全球陆地面积（约 1.5 亿平方千米）的 2 倍还要大，相当于 2 个月亮和 2 个火星的表面积加起来那么大，可以说我们是生活在一个"水球"上面。茫茫大海，这抹亮丽的蔚蓝色也是我们的星球区别于其他星球的最显著标志。

海洋中含有 13.5 亿立方千米的水，约占地球总水量的 97%。

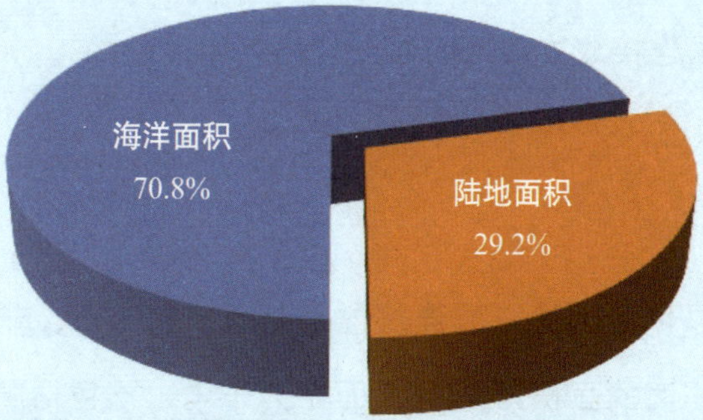

图 3 海陆面积占比（王政刚绘制）

太平洋

太平洋是世界上最大的海洋。如果算上属于海的部分，面积是18134.4 万平方千米，如果不算海只算洋的话，面积是 16624.1 万平方千米，约占地球总面积的 1/3。它有多长呢？从南大洋北边界延伸到白令海峡，跨越纬度 135°，南北最长约 15900 千米，东西最宽约 19000 千米。它有多深呢？已知的最大深度是 11034 米，在马里亚纳海沟底部。它的界线是哪些呢？北部以白令海峡为界（宽度仅 102 千米），东南部经南美洲的火地岛和南极洲葛兰姆地之间的德雷克海峡与大西洋沟通，西南部与印度洋的分界线为苏门答腊岛—爪哇岛—帝汶岛—澳大利亚的伦敦德里角—巴斯海峡—塔斯马尼亚岛—南极大陆。

大西洋

大西洋是世界第二大洋，在南大洋确立前，它的面积为 9165.5 万平方千米，之后面积调整为 7676.2 万平方千米，平均深度 3627 米，最深处波多黎各海沟达 9219 米。从赤道南北分为北大西洋和南大西洋。北面连接北冰洋，南面则与南大洋接连。

印度洋

印度洋是世界上第三大洋，位于亚洲、大洋洲、非洲和南极洲之间，包括属海的面积为 7411.8 万平方千米，不包括属海的面积为 7342.7 万平方千米，约占世界海洋总面积的 20%。印度洋的平均深度仅次于太平洋，位居第二，包括属海的平均深度为 3839.9 米，不包括属海的平均深度为 3872.4 米。它的北边是印度、巴基斯坦和伊朗，西边是阿拉伯半岛和非洲，东边是澳大利亚、印度尼西亚和马来半岛，南边是南极洲。

印度洋西南和大西洋分界线是通过南非厄加勒斯特的经线，东南和太平洋的连接处是通过塔斯马尼亚岛东南角到南极大陆的经线。北面的陆地是印度洋的界线，南面是以南纬 60° 为界，与南大洋相连。

北冰洋

北冰洋是世界上最小、最浅和最冷的大洋，孤零零地待在地球的最北边。它的中间是北极圈，欧洲大陆和北美大陆环抱着它。它想和太平洋“打招呼”，还得通过一个狭窄的海峡，这个海峡就是白

图 4　茫茫北冰洋冰原上的一只北极熊

令海峡。虽然和太平洋相通，但是北冰洋非常小，不到太平洋的十分之一，面积只有1450万平方千米。它虽然小，但很深，平均深度有1097米，最深的地方有5527米。在古希腊，有人把它叫作“正对大熊星座的海洋”，看来它和大熊星座互相遥望，深情对视。它还曾经有个名字叫作大北洋，这是1650年德国地理学家B.瓦伦纽斯给它取的名字，也是这位地理学家把它独立划分出来的。最后，1845年，英国伦敦地理学会给了它正式的命名，经过翻译，就是北冰洋。

南大洋

说完最北边的北冰洋，我们再来看看最南边的南大洋，它俩一个在最北边，一个在最南边。南大洋也叫南极海、南冰洋，是世界

图5 南大洋的冰川

第五个被确定的大洋，也是世界上唯一一个完全环绕地球、互相连通，没有被大陆分割的大洋。南大洋环绕着南极洲，是太平洋、大西洋和印度洋最南部的海域，以前人们认为太平洋、大西洋和印度洋一直延伸到南极洲，南大洋的那片水域一直被认为是南极海。但后来，海洋学上发现南大洋有重要的不同洋流，于是美国国家地理学会就在2021年把它确定为独立的大洋，从此世界上有了五个大洋，而它的面积在五大洋中排名第四。

南大洋的面积是多少呢？这个面积只能说大约是7700万平方千米。为什么说“大约”呢？这是因为很多文献把副热带辐合线当作它的北界，但这条界线是水文界线，平均地理位置是随着季节不同而变化的，所以南大洋的面积并不是固定的，而是变化的。

4 与众不同的南大洋

2021 年 6 月 8 日，也就是“世界海洋日”这一天，美国国家地理学会宣布新的地图政策，将南极洲周围海域称为南大洋，与此前公认的“四大洋”并称为“五大洋”。

看到这里，你也许会疑惑，大洋的存在不是确定的吗？为什么还会增减呢？

南大洋的确立

南大洋虽小，但对地球有着非常重要的作用。南大洋是世界上最大的洋流——南极绕极流的发源地。南极绕极流总长 20921 千米，每秒水流量可达 1.3 亿立方米，相当于世界上所有河流流量之和的 100 倍。

这个划分与许多地理学家和海洋学家的观点相一致，但并不意味着它是唯一的标准。有些地质学家依据大洋应有其对应的洋中脊而不同意以上的称谓。不同的国家、学者和组织可能会有不同的划分与定义，南大洋的确切界线可能会因此而有所不同。

南大洋的确立不仅意味着地球多了一个大洋，也意味着人类对地球的认知和科学研究迈出了重要的一步，这对我们理解地球系统、气候变化、生物多样性以及地球上其他重要环境问题具有重要意义。

中国科考队员对南大洋的科考

随着科技的进步和航海技术的发展，许多国家和科考机构派遣科考队员对南大洋和南极进行海洋学、地质学、生物学、气象学等多学科的研究，利用先进的技术设备收集数据和样本，深入了解南大洋和南极。

中国南极科学考察逐渐与国际接轨。1984 年，中国派出 591 人组成南极考察队，乘坐向阳红 10 号和 J121 号两艘科学考察船赴南极地区进行科学考察。当年的 12 月 27 日，南极考察总指挥陈德鸿、南极洲考察队队长郭琨、副队长董兆乾和有关人员登上南极洲的乔治岛，这是中国第一次真正对南极展开探索。

同时，这次南极考察也建立了中国第一个长期科学考察站——长城站，此后陆续建立了中山站、昆仑站、泰山站，近年计划的东南极罗斯海新站也已基本建成，未来将持续完善。中国南极科考每年进行规律的年度综合调查，考察内容包括海洋生物学、地质学、地球物理学、海洋化学等多个学科领域。研究人员通过利用研究船舶、浮标、遥感技术等手段，进行了大规模采样、观测和数据收集工作。

在南大洋的科考中，中国科考队员发现了大量新的海洋物种，探明了南大洋的地理地貌和地质构造，收集了大量的海洋水文、气象和地球物理数据，对南大洋生态系统的结构和功能进行了深入研究。

图 6　南极的荷叶冰

南大洋的生态系统

南大洋虽然与其他四个大洋相互连通，但它属于极端环境下的海洋生态系统，水温低、盐度高、光照弱是其主要特点。

此外，南大洋具有独特的洋流，被称为南极绕极流或西风漂流。科学家估计南极绕极流形成于 3400 万年前，当时南极板块刚从南美洲板块分离出来。由于四周没有陆地阻拦，这使得南极绕极流畅通无阻。

南极绕极流的内部海水比其北部的海水更冷，含盐量更低，循环速度更快。因此，南极绕极流被认为全球洋流的“热量传输带”，对于全球的气候调整有着至关重要的影响。

高纬度带来的光照少和低温创造了地球上独一无二的极地生态环境。南大洋的水域，存在丰富的浮游植物和浮游动物，它们构成了南大洋食物链的基础。这些浮游生物不仅为南大洋其他生物提供养分和能量，还通过光合作用吸收二氧化碳，对地球的碳循环具有重要意义。

南大洋是许多海鸟和海洋哺乳动物的栖息地，如企鹅、海豹、鲸鱼等。这些动物依赖海洋中的食物链来获取养分和能量，构成了南大洋特有的生态系统。南大洋还是重要的渔场，许多鱼类在这里繁殖和生长。

图 7　在南大洋的水面上飞跃的企鹅

地球升温，南大洋面临的危机

因为南大洋及以南的南极大陆存在大量的冰山和冰盖，所以地球升温会对南大洋的生态系统产生巨大的影响，可能会引发一系列危机。

随着全球气温上升，南极大陆的冰盖融化加剧，崩离的冰川可能阻断洋流，造成严重的自然灾害，同时冰川融化导致海平面上升，淹没海拔低的陆地区域，严重威胁沿岸地区的生态系统和人类社会安全。

温度升高还会影响南大洋的海洋生物。许多南极的生物物种对低温环境有适应性，它们可能面临栖息地的改变和适应能力的挑战。这可能会导致海洋中的浮游植物和动物数量减少，破坏南大洋食物

图 8 南极雪地里匍匐前行的企鹅

链的平衡，对整个生态系统造成不可逆转的影响。

此外，气候变化还可能引发更频繁、更强烈的风暴和海洋涡旋，对南大洋的海洋生态系统造成破坏。这些极端天气事件可能会破坏海洋生物的栖息地，影响它们的繁殖和迁徙，对整个生态系统的稳定性造成影响。

5 蓝色国土

维护国家领土完整，寸土不让，寸土必争，是每个公民的共识和责任。这里要注意的是，国家的领土并不仅指国家主权管辖下的陆地，也包括水域及其底土和上空，由领陆、领水、领空和底土四部分组成。可以说，一个国家的领土实际上不是平面的，而是三维空间的，上至高空，下达地底。

通常来说，我们将“海洋国土”称为“蓝色国土”。这是对一个沿海国家的内水、领海和管辖海域形象的统称。管辖海域包括领海以外的毗连区、专属经济区、大陆架、历史性海域或传统海疆等。

在中国古代，“金戈铁马”曾是强大帝国的象征。1840 年后，中国沿海国门数次被帝国主义的坚船利炮攻开，中国开始在“塞防”与“海防”之争的杂音中关注海洋，蓝色国土概念便慢慢地根深蒂固。

今天的每一个中国人都应该知道，中国除了拥有 960 多万平方千米陆地面积之外，还拥有 300 万平方千米的蓝色国土。

问问科学家

问：什么是专属经济区、领海与公海？

答：专属经济区又称经济海域，是指国际公法中为解决国家或地区之间因领海争端而提出的一个区域概念，即领海以外并邻接领海的一个区域。专属经济区从测算领海宽度的基线量起，不应超过 200 海里（370.4 千米）。

领海是指沿海国家主权管辖下与其海岸或内水相邻的一定宽度的海域，是国家领土的组成部分。

在国际法中，公海是指不包括国家领海或内水的全部海域。1982 年的《联合国海洋法公约》规定，公海是不包括在国家的专属经济区、领海、内水或群岛国的群岛水域以内的全部海域。公海供所有国家平等地共同使用。它不是任何国家领土的组成部分，因而不处于任何国家的主权之下；任何国家不得将公海的任何部分据为己有，不得对公海本身行使管辖权。

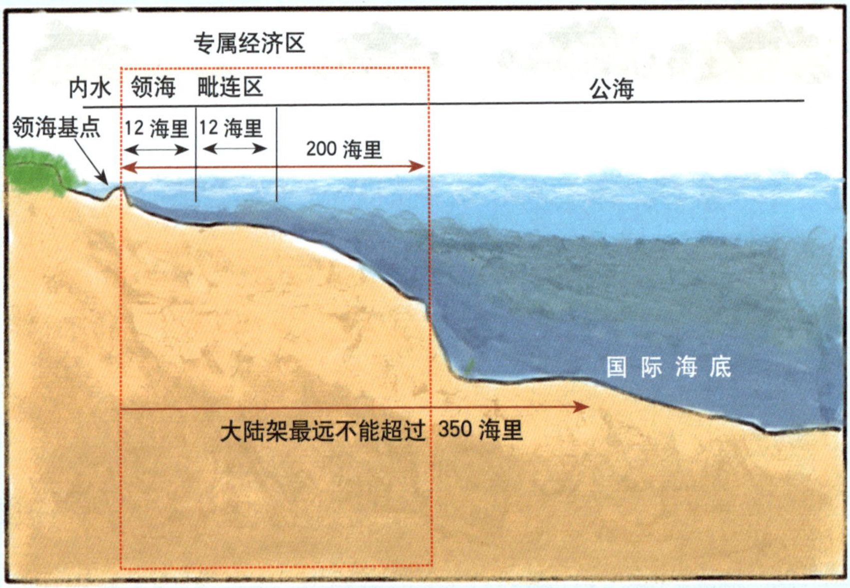

图 9 专属经济区、领海、公海（王政刚绘制）

中国的海域包括哪些

中国位于亚洲大陆的东部，面向太平洋（即“四海一洋”中的“一洋”）。毗邻中国大陆边缘的渤海、黄海、东海、南海互相连成一片，自北向南呈弧状分布，是北太平洋西部的边缘海，因紧邻中国大陆，又有“中国近海”之称，是中国的四大海域。

第二章

为什么要探测深海

一粒微尘之上，

人类依海而生，

向海出发。

1990 年，旅行者 1 号在 64 亿千米外的太空拍下了一张名为《暗淡蓝点》的照片。照片里的蓝色地球是悬浮在太阳系的一粒微尘。一抹蓝色之下，是覆盖地球表面 70% 以上的海洋。一粒微尘之上，人类依海而生，向海出发。渺小与宏大是相对的，探索与创造是永恒的。

1 生命的意义在于探索

探索，永无止境。生命的意义在于探索，在探索的基础上进行创造，我们可以享受到创造过程中的快乐，而探索力正是生命的保鲜剂。

每当我想到青少年朋友时，脑海中便会立刻浮现出一张张青春洋溢的脸庞，一双双闪烁着无限光芒的眼睛。青少年时期是多么美好啊，已脱去了儿时的稚嫩，既没有受到现实社会的磨砺，也没有沾染半点成年人世界的世故。青少年正处于探索欲最旺盛的时候，对知识充满了渴望，如同吸收知识的海绵，有快速的信息处理能力，一分钟之内，思想都可以跑出天际。

当今社会的青少年，成长于信息时代，见多识广，比起当年青涩的我，自信、阳光太多了，这是令我十分羡慕的。如今已经42岁的我，跟青少年朋友比起来只是多了一些阅历，心理的成熟程度估计和他们差不多，所以这也是我想和他们聊一聊的原因。

我们为什么要活着？我们的生命有什么意义？

人类的出现只是个偶然，大约几百万年前，有只类人猿发生了一次特殊的基因突变，直接促进了大脑皮层的升级。人类从此登上了地球历史的舞台。我们现代人的直接祖先大概在23万年前才出现。

大部分人都知道人类是由猿进化而来的，然而猿从何而来？人类和猿都属于脊椎动物，我们摸一摸自己的脖子，后面有一块硬硬的骨头，这就是一块脊椎骨。我们身体里有一条由脊椎连成的脊柱，而所有拥有这种结构的动物被称作脊椎动物。

最早的脊椎动物出现在什么时候？出现在哪里？

在5亿多年前，在寒武纪生物大爆发的海洋环境里，曾经有各种奇奇怪怪的生物，但大部分都灭绝了，只有一些坚强的小鱼活了下来，这就是最早的脊椎动物。这些鱼类后来登上陆地，进化成两栖动物，又从两栖动物到爬行动物，后来爬行动物出现分支，出现了哺乳动物，也出现了鸟类。

大家都认为恐龙灭绝了，但恐龙真的灭绝了吗？并没有，它的一个分支进化成了鸟类。

寒武纪生物大爆发之前发生过哪些重大事件呢？

6.5亿年前，冰川开始融化。

7.7亿年前，地球封冻。

16亿年前，真核生物出现。

18亿年前，哥伦比亚超大陆形成。

26亿年前，发生大氧化事件，地球开始充满氧气。

35亿年前，原核生物出现。

生命如何开始？碳、氮、氢等无机元素如何转变为有机元素？

39亿年前，液态海洋开始出现。

46亿年前，太阳诞生，太阳系外围物质不断聚集形成地球。

138亿年前，宇宙诞生。目前人类可探知的宇宙范围达920亿光年。

宇宙何其大，奥秘何其多。这些难道还不够你穷尽一生去探索吗?

探索太空，探索海洋，探索地球深处，探索微观世界，探索内心，探索一切未知，增加对世界本质的了解，掌握万事万物的运行规律，提升思维层次，不断提高认知水平，使世界更美好，延续人类文明，这就是生命的意义。

只问是非，不计利弊，踏踏实实走好每一段路，真真切切感受探索之美。让我们一起探索，一起欣赏，一起珍惜，感受生命的美好。

2 人类对海洋的探索始于何时

地球上的一切生命无不起源于海洋，无不与海洋息息相关。

现代人的祖先诞生于非洲。7.5 万年前，他们走出非洲。在这个过程中，由于海洋食物来源相对丰富，而且海洋动物相对移动迅速的陆地野兽来说更容易捕捉，原始人很早就学会了到海边觅食。

人类要走出非洲，红海是咽喉要道。考古学家在这里找到大量原始人食用过的贝类。在北京的山顶洞人遗迹里，考古学家也找到了食用过的鱼骨。

海边地势平坦，移动方便，这也是吸引古人类的重要原因。15000 年前，海平面比现在低 120 米。古人类沿着当时的各处地峡迁移到日本、中国台湾、澳大利亚和南太平洋诸岛。后来由于海水上涨，这些岛屿才与大陆分隔开来。

在原始人进入美洲的过程中，海洋也起到了重要作用。一项考古成果证明，原始人沿着海岸线越过白令海峡。当时，那里的陆地还连成一片。

上古时代，海运规模还无法与陆路运输相比。文明古国都诞生于内陆的河边，内河运输是他们进行陆上扩张的辅助力量。

问问科学家

问：什么是地峡？

答：地峡是指夹在两个海洋之间、连接两个大陆的狭窄陆地。如连接亚、非两洲的苏伊士地峡，连接中南半岛和马来半岛的克拉地峡。

地中海以其特殊条件，孕育出最早的海洋文明。论面积，地中海还没有南海大。由于是陆间海，气候条件类似于中国的渤海。多数时间风平浪静，适于航行。以当时的船舶技术，人类还只能贴着海岸线行驶。不过，地中海沿岸农业区星罗棋布，于是有人在这些区域之间从事海洋贸易活动。

4000年前，腓尼基文明出现了，这是人类最早出现的海洋文明。腓尼基人主要通过海洋向外扩张，因此他们不仅发展造船技术，而且掌握了简单的天文导航知识。这些促进了地中海地区航海技术的提升。横穿爱琴海，连接几个经济中心，当时需要两三天时间，而在陆上绕道则要远得多。

3 世界各国的海洋探索史

数千年来，人们在星辰大海的征途中从未停止过跋涉和探索，人类历史的进程也因此发生巨大改变。不同种族、不同信仰、不同文化背景的探险家、商人、海军等，在不同的时代，先后踏上那未知的远航旅途……

早在公元前2500年以前，古埃及就有人驾驶帆桨船沿地中海东航至黎巴嫩。

古希腊人毕菲在公元前4世纪海上探险时发现了不列颠群岛。

13世纪时，中国发明的司南（指南针）由阿拉伯人传入欧洲。欧洲海洋国家的航海活动因为技术进步而突飞猛进，取得了伟大的成果。

15世纪时，欧洲人造出了一种能够横渡海洋的新型船——卡拉维尔帆船。在海上航行的水手们拥有了更加完善的设备，如能指向北方的罗盘和能通过恒星在海上定位的星盘。

正是因为有了卡拉维尔帆船，欧洲人才到达美洲，开始了对美洲的殖民，同时，将美洲纳入了世界体系。

在郑和下西洋之后，意大利人哥伦布于1492年横渡大西洋到达美洲，葡萄牙人达·伽马于1497年绕过好望角远航印度，葡萄牙人麦哲伦于1519年向西做环球航行。

中国航海历史悠久。早在距今7000年前的新石器时代晚期，中华民族的祖先已能用火与石斧“刳木为舟，剡木为楫”。

春秋战国时期，随着木帆船的诞生，出现了较大规模的海上运输与海上战争。

秦代，徐福船队东渡日本。西汉时，中国的海船远航印度洋。

在三国、两晋、南北朝时期，东吴船队巡航台湾和南洋，法显从印度航海归来，中国船队远航到了波斯湾。

从隋唐五代到宋元时期，中国航海业全面繁荣，海上丝绸之路远达红海与东非之滨。

明代永乐年间至宣德年间，郑和率领远洋船队先后7次下西洋，遍访亚非各国。这一航海盛举不但将中国古代航海业推向顶峰，而且在人类航海史上树起了一座永垂史册的丰碑。

人类在几千年的海洋探索中，由于技术的限制，并没有对海面以下的深海进行探索，仅限于航行、商贸往来和发现新大陆。但是，现代技术让今天的我们有了探测深海的可能性。

4 我们为什么要去深海探测

尽管现代技术已经可以支撑我们去探索更深、更远的海洋，但对于浩瀚海洋来说，这些探索仍然显得微不足道，仅占 5%，这意味着我们对海洋深处的另外 95% 还一无所知。越是未知，越显神秘，也越让人产生一探究竟的好奇心。

今天，已为科学家们所探知的事实是：在幽深的海底，既有连绵起伏的山脉，也有宽阔无垠的海盆，蕴藏着巨量的矿产资源和丰富的生物基因资源。比如，在洋中脊，有多金属硫化物；在海山，有富钴结壳；在海盆，有多金属结核和稀土。

深海探测的意义

从国家层面来看，深海探测既关乎未来的国际资源争夺，也关乎生命起源的探究。

每个沿海国家都有自己 200 海里的专属经济区，在大陆架和专属经济区之外的区域就属于国际海底。国际海底的面积占了地球表面积的 49%，这个区域不属于任何国家，任何国家都没有主权，它的资源是属于全人类的共同财产。

国际海底蕴藏着丰富的生物及其基因资源，是一个巨大的、天然的基因资源库。有人可能会问：海底也有山吗？有平原和深渊吗？答案是有的，深海分布有海山（海岭）、洋中脊、深海平原、深渊、海沟等多种地形地貌。看到这个答案，你是不是感觉海底世界就像一面镜子，倒映着陆地上的世界？此外，海底有独特的生态系统以及多种复杂独特的特殊生态环境，物种具有多样性，被公认为未来重要的基因资源来源地，在新药开发、工业催化、环境保护、日用化工、绿色农业等领域具有巨大的应用前景。

《联合国海洋法公约》规定，谁先调查，谁先勘探，谁就有优先开采权。每个国家都可以向国际海底管理区申请矿区，开采之后的一部分必须交给国际社会共享，但是大部分可以属于开采国所有。因此这非常值得我们去探索。

中国的深海探索之路

中国自古就有一个大洋梦。读过《1421：中国发现世界》这本书就会知道，中国人是世界上最早绘制世界海图的，郑和船队的航行比哥伦布发现美洲大陆早87年，比达·伽马早92年，比麦哲伦早114年。

自20世纪80年代起，中国科学家的科考理想是查清中国海，登上南极洲，进军三大洋！上九天揽月，下五洋捉鳖。如今，他们已经实现了这一理想。

虽然中国对海洋的探索比较晚，但是已经取得了不可小觑的成绩。40多年来，中国积极参与国际海底区域活动，先后组织开展了 80 多个大洋调查航次，多金属硫化物资源找矿理论和实践取得重大突破：用 7 年时间走完西方 32 年的历程，完成三大洋矿产资源的发现和西南印度洋矿区申请；成为世界上首个对富钴结壳、多金属结核和多金属硫化物三种矿产资源均具有勘探优先权的国家。

2016 年 2 月 26 日，第十二届全国人大常委会第十九次会议表决通过《中华人民共和国深海海底区域资源勘探开发法》（简称《深海法》），并宣布自 2016 年 5 月 1 日起实施。走向深海，进行深海科学研究，对未来的深海资源开发具有重要意义。

祖国的强大让科研工作者迎来了科研的春天。以“蛟龙”号载人潜水器为代表的深海勘察技术装备搭建了先进的科考平台，“奋斗者”号的下潜深度在世界上应用类深潜器中位居第一。现在的中国正在走向世界深海舞台的中央，也正在从海洋大国迈向海洋强国。

如今，中国拥有比以往任何时候都多的话语权，海底资源勘探规章的制定都有中国人的主导与参与。

那些脱离光合作用的生物为什么能生长在几千米深的幽暗海底？有着生物群落繁衍的洋中脊热液区为什么竟然和早期地球生命环境非常相似？海底矿物到底有多少？除此之外，还有多少未知的秘密？这些需要科学家们进一步去探寻。

因此，无论是为了探索未知，还是为了挖掘海底的宝藏，抑或为了探究生命密码，这些都是我们探索深海的驱动力。

问问科学家

问：什么是热液区？热液区也会有生物吗？

答：热液区存在于洋中脊，有热液喷口，喷口处有正在向上喷发的“黑烟囱”，喷发出来的是地球内部的物质。其中一些金属元素喷涌出来后和硫元素相结合，形成了多金属硫化物。热液区的喷口附近，由于有热和能量，因此产生了很多微生物，同时也就有了以微生物为食物的盲虾、热液螺等热液生物，可以说，这些生物生活在“水深火热”之中。

5 搭乘什么样的设备去探索深海

工欲善其事，必先利其器。要深潜到海底进行科学考察，首先需要有科考船，我国自 1983 年恢复大洋调查以来，已经研制出多艘科考船并成功下水使用。

从“大洋一号”到“雪龙”号

“大洋一号”是中国第一艘现代化的综合性远洋科学考察船，也是我国远洋科学调查的主力船舶，该科考船自 1995 年起共执行十数次大洋科考任务，累计航行 3000 多天。

“海洋六号”综合调查船以海底天然气水合物资源调查为主，首次集地震、地质调查等多项调查功能于一体，是目前世界上第一艘综合地质地球物理调查船，由我国自行设计、建造，总造价近 4 亿元，2008 年 10 月在武昌造船厂建成下水。该船为广州海洋地质调查局建造，以海底“可燃冰”调查为主，能在海上航行 60 天无须补给。

2011 年 11 月 30 日，我国新一代海洋科学综合考察船“科学”号在武汉武昌船舶重工有限责任公司顺利下水，这标志着我国海洋科学考察能力迈入国际先进行列。“科学”号于 2014 年 4 月正式投入使用，是中国最先进的海洋科考船，被称为海洋上的“移动实验室”。

问问科学家

问：什么是可燃冰？

答：可燃冰是一种天然气水合物，是由天然气和水在高压、低温条件下形成的冰状结晶物质，因其外观像冰且遇火即可燃烧，故称“可燃冰”。

2016 年 5 月 8 日，由广船国际有限公司承接建造的厦门大学 3000 吨级科考船“嘉庚”号下水。

2018 年 11 月成功下水的探海利器“大洋号”是一艘现代化大洋综合资源调查船，集多学科、多功能、多技术手段于一体，以大洋多种资源及环境调查为主，同时兼顾了深海相关领域的研究需求。

“中山大学”号于 2016 年 6 月获教育部批复立项，2019 年 10 月在江南造船（集团）有限责任公司开工建造，2020 年 8 月被命名并且下水。

2020 年 11 月 28 日，“探索一号”科考船在马里亚纳海沟结束科考任务后，在海南三亚的南山港码头靠泊下锚，成功实现 10909 米坐底纪录的“奋斗者”号也随船胜利返航。

“探索一号”最开始叫作“海洋石油 299”，隶属于中国科学院深海科学与工程研究所。它的定位基于深海潜水器目标海域的科学研究和工程项目，如海洋资源探测、地球化学研究、海洋生物采集等，并兼顾与中科院未来发展相适应的科学项目。

更引人注目的是，2022 年 5 月，全球首艘智能型无人系统母船“珠海云”在广州下水。该船隶属于南方海洋科学与工程广东省实验室（珠海），将成为全球首艘具有远程遥控和开阔水域自主航行功能的科考船。

“雪龙”号是中国最大的极地考察船。船长 167 米，宽 22.6 米，满载排水量 21025 吨。它工作的足迹如今已遍布五大洋。

图 10 “雪龙”号

“雪龙 2”号极地考察船 (H2560) 是中国自主建造的第一艘极地科学考察破冰船，于 2019 年 7 月交付使用。“雪龙 2”号是全球第一艘采用船艏、船艉双向破冰技术的极地科考破冰船，能够在 1.5 米厚冰环境中连续破冰航行，填补了中国在极地科考重大装备领域的空白。

水下探测设备

除了科考船之外，探索深海还需要先进的水下探测设备。随着技术的进步，我们已经有了拖网、可视抓斗、水下机器人等。

无人水下潜水器

“潜龙一号”是中国国际海域资源调查与开发“十二五”规划重点项目之一，是中国自主研发、研制的服务于深海资源勘察的实用化深海装备。该项目于2011年11月正式启动，2013年3月完成湖上试验及湖试验收，5月搭乘“海洋六号”船在南海进行首次海上试验。

“潜龙二号”是国家“863”计划中“深海潜水器技术与装备”重大项目的课题之一，由中国大洋矿产资源研究开发协会组织实施，中科院沈阳自动化所作为技术总体单位，与国家海洋局第二海洋研究所等单位共同研制。

“潜龙二号”在6000米级AUV“潜龙一号”的基础上，针对多金属硫化物矿区需求研制，在机动性、避碰能力、快速三维地形地貌成图、浮力材料国产化方面均有较大提高，为我国海底多金属硫化物调查和勘探提供了高效、精细、综合的先进手段。

“海龙Ⅲ”是在中国大洋协会组织下、由上海交通大学水下工程研究所开发的勘查作业型无人缆控潜水器，也是中国“蛟龙探海”工程重点装备。它最大作业水深6000米，具备海底自主巡线能力和重型设备作业能力，可搭载多种调查设备和重型取样工具。

“海龙11000”是由上海交通大学教授葛彤团队研制的万米级深

海无人遥控潜水器，设计最大工作深度为 1.1 万米。

载人潜水器

中国科学家在向深海探索的征程中，已经研制出一批性能优秀的载人潜水器："蛟龙"号、"深海勇士"号和"奋斗者"号，实现了"下五洋捉鳖"的梦想。

"蛟龙"号载人潜水器是我国自主研发的。与其他国家载人潜水器比较，它有很多优势：工作深度可达 7000 米，拥有针对作业目标稳定的悬停定位能力，拥有先进的水声通信和海底微地形地貌探测能力，能高速传输图像和语音，能探测海底小目标，可配备多种高性能作业工具等。

图 11 "蛟龙"号及其最初的母船"向阳红 09"号（付毅飞摄）

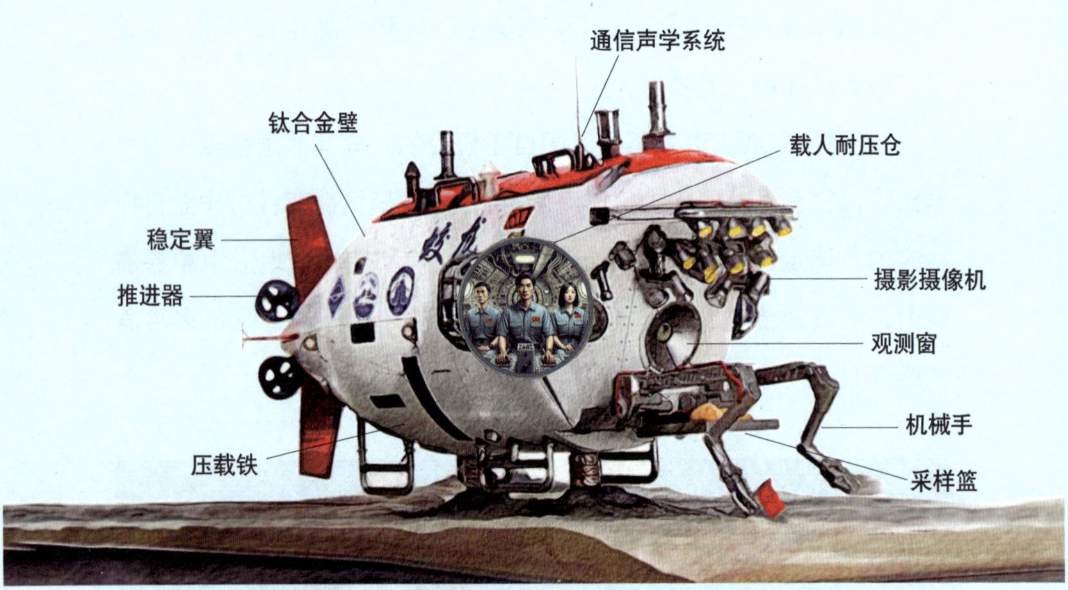

图 12 “蛟龙”号基本结构示意（王政刚绘）

“深海勇士”号载人潜水器简称“深海勇士”，是中国第二台深海载人潜水器，它的作业能力非常强大，可以达到水下 4500 米。它被命名为“深海勇士”，寓意像勇士一样探索深海的奥秘。

图 13 “深海勇士”号准备出发执行任务

图 14 “深海勇士”号水面准备作业

研发团队在“蛟龙”号研制与应用的基础上，进一步提升中国载人深潜核心技术及关键部件自主创新能力，降低运维成本，有力推动深海装备功能化、谱系化建设。

值得骄傲的是，“深海勇士”号浮力材料、深海锂电池、机械手全是中国自己研制的，国产化达到95%以上。这不仅让潜器的成本大大降低，也让国内很多生产和制造潜器相关配件的厂商升级了产品水平。

“奋斗者”号诞生于2020年，是中国研发的万米载人潜水器。这台外观像绿色大头鱼的深潜器问世意味着中国人已经跨越了核心技术的门槛，向万米深的海底世界宣告“我来了”。

图15 “奋斗者”号

经过几代海洋人的努力，我们终于有了各种各样先进的科考设备，也终于从推开深海一条门缝发展到打开深海的大门。

6 为什么要研发载人深潜器

深海是梦想，深潜是技术手段，载人深潜器承载的是人类对深海的梦想。1964 年，美国“阿尔文”号载人潜水器研制成功，一直到 20 世纪 80 年代，“阿尔文”号始终是世界载人深潜科考领域的唯一焦点。它先后在东太平洋海隆、墨西哥湾、大西洋洋中脊和西太平洋等海域完成了一系列地质学、生物学调查任务，取得的成果令世界海洋科技界惊艳不已。

问问科学家

问：什么是海隆？

答：海隆（oceanic rise）是指宽广且坡度和缓的海底隆起区，深海底的海隆或者呈长条状，或者接近等轴状，有的还“镶嵌”着海山或火山岛。

20 世纪 80 年代中后期，法国、俄罗斯、日本等国家相继成功研制出载人深潜器并投入使用。其中，法国于 1985 年研制成功的“鹦鹉螺”号（这个名字是为了纪念凡尔纳经典小说《海底两万里》中的载人深潜器“鹦鹉螺”号），先后开展了大洋中脊、海底火山、海底生态系统等方面的调查研究。俄罗斯在 1987 年研制的“和平Ⅰ”号、“和平Ⅱ”号在太平洋、印度洋、大西洋和北极等海域进行了大量科学考察。日本的“深海 6500”号载人潜水器于 1989 年投入使用，在西太平洋、北大西洋及南印度洋等海域内进行了多次海洋地质及生物方面的调查研究。

20 世纪 90 年代以来，载人潜水器的科学探索活动异常活跃。1991 ~ 1992 年,“阿尔文”号在东太平洋海隆开展了一系列生物学、地质学调查，又在大西洋洋中脊开展了地震研究，在南亚速尔群岛发现了新的热液区。

1997 ~ 1999 年，“鹦鹉螺”号对大西洋洋中脊处的彩虹热液口开展了生物学科考下潜。1999 年，“深海 6500”号对夏威夷群岛海底火山的成长及衰亡进行了详细深入的海底调查研究。

21 世纪的载人深潜技术

进入 21 世纪以后，深海权益的竞争更加激烈，载人深潜技术的应用也随之发生了质的变化，从过去单一科学目标的探测研究向多学科综合考察发展。

2006 年，“阿尔文”号完成了美国国家海洋和大气管理局组织的海洋勘探计划，对海底热液系统的生命和热液流动进行了原位监测。

2007 年，“鹦鹉螺”号对马尔马拉海域的冷泉、海底底栖动物、生物多样性以及海底生态环境进行了系统的调查研究。

问问科学家

问：什么是冷泉？

答：冷泉（cold seep），虽然名字“冷”，但它并不冷。它是指分布于大陆边缘海底的一种流体，来自沉积界面之下，主要成分为水、碳氢化合物（天然气和石油）、硫化氢、细粒沉积物，温度与海水相近，广泛发育于活动和被动大陆边缘斜坡海底。

2007 年 8 月，“和平Ⅰ”号、“和平Ⅱ”号在北极海底进行了一系列地质学和生物学调查。

2013 年，“深海 6500”号开展了环球载人深潜考察。

围绕科学应用对潜水器不断进行技术升级和性能优化，是世界载人深潜技术发展的必经之路。

“阿尔文”号自 20 世纪 60 年代投入运行后经历了近 10 次技术升级。2004 年，美国国家科学基金会与伍兹霍尔海洋研究所对“阿尔文”号进行了根本性技术升级，其作业水深由 4500 米直接提升到了 6000 米。

2012 年 3 月，日本海洋科学技术中心对“深海 6500”进行了最大规模的修整与技术升级工作，提升了推进系统，并优化了水下加速与制动性能。升级后的“深海 6500”在西南印度洋热液区复杂作业环境下连续完成了 20 余次下潜，取得了丰硕的成果。

截至 2023 年，世界各国的载人潜水器已搭载几万人下潜至深海海底，完成了万余次的下潜作业。载人潜水器已成为世界海洋科学研究领域中不可替代的科考利器。

7 “蛟龙”号的故事

载人深潜器可以运载科学家、工程技术人员和各种装置、特种设备快速、精确地到达各种深海复杂环境，进行高效的勘探、科学考察和开展特种作业。

为什么需要研制 7000 米的载人深潜器

随着科学家对海洋研究的深入，对深海载人潜水器的需求也越来越紧迫。中国的载人深潜技术起步较晚。中国海洋界早在 20 世纪 90 年代初就提出了研制中国自己的深海载人潜水器的建议，关于是否立项的大讨论一直持续了 10 年。研制载人深潜器的意义是不言而喻的，深潜器不仅可以使科学家真正从海洋内部研究海洋，而且技术的高度决定了探索的范围。

当时，国际上应用类型的载人深潜器的最大下潜深度是 6500 米，我们如果要做那就要超越，于是，“7000 米深度”成为中国第一代载人深潜器的目标。

其后，中国大洋矿产资源研究开发协会与国际海底管理局签订了《国际海底多金属结核矿区勘探合同》，成为中国载人潜水器研制立项的直接推动因素。

对当时中国深海装备技术水平来说，7000米的深度目标，既是必然选择，也是艰难选择。因为在此之前，中国载人潜水器的下潜深度毕竟只有600米。要实现从600米到7000米的技术跨越，确定正确的技术路线至关重要。完全依靠自力更生，每一个部件都自己研制，项目周期会很长，研发的经费会很庞大。

站在前人的肩膀上，依靠国际力量，引进部分部件，不仅可以缩短周期，而且可以节省经费投入，因此，采取自主设计、集成创新的技术路线成为中国发展7000米载人潜水器的必由之路。

在目标明确、技术路线清晰之后，科技部在对《7000米载人潜水器总体方案论证报告》组织专家开展评审的基础上，2002年6月正式批准设立“7000米载人潜水器”重大专项，确定4项标志性技术目标，国家“863”计划支持经费1.8亿元。国家海洋局是项目组织部门，中国大洋协会办公室具体负责项目的组织实施。中国船舶集团公司第七〇二研究所、中国船舶集团公司第七〇一研究所、中国科学院沈阳自动化研究所、中国科学院声学研究所作为国内深海装备研发优势单位成为项目研制的骨干力量。

中国第一代载人深潜器“蛟龙”号是如何诞生的

中国第一代载人深潜器“蛟龙”号的自行设计、自主集成研制工作于2002年正式启动之后，研究团队经过6年努力，攻克深海技术领域的一系列技术难关，完成了载人潜水器本体系统和水面支持系统的研制，进行了试验母船的改造以及潜航员的选拔和培训，从而使“蛟龙”号具备了开展海上试验的技术条件。

2012 年 7 月，“蛟龙”号载人潜水器从实验室走向深海，在马里亚纳海沟经历了“教科书上找不到标准答案”的考验后，成功完成 7000 米级海试，投入应用。“蛟龙”号载人潜水器长 8.6 米，宽 3.9 米，高 3.4 米，空重 22.3 吨，最大载荷 220 千克，最大速度为每小时 46.3 千米，巡航速度为每小时 1.85 千米，最大工作设计深度为 7000 米，理论上其工作范围可覆盖全球 99.8% 的海洋区域。

“蛟龙”号具备自动航行功能，驾驶员设定好方向后，便可以放心地进行观察和科研。一旦在海底发现目标，“蛟龙”号不需要像大部分国外深潜器那样坐底作业，而是由驾驶员行驶到相应位置，“定住”位置，与目标保持固定的距离，方便机械手进行操作。为使“蛟龙”号潜入深海数千米后依然可以与母船保持联系，科学家们研发了具有世界先进水平的高速水声通信技术，采用声呐通信。

问问科学家

问：什么是坐底作业？

答：坐底作业是指到达海底之后需要坐在海底，不能悬停。

“蛟龙”号是何时应用于科考的

2013年5月开始，“蛟龙”号正式开启了科考旅程。从2013年5月到2016年7月，“蛟龙”号连续完成了中国大洋31、35和37这3个试验性应用航次，分别在南海冷泉区与海山区、东太平洋等我国多金属结核合同区、西太平洋我国富钴结壳合同区、西南印度洋我国多金属硫化物合同区、雅浦海沟和马里亚纳海沟等区域实施了下潜作业，累计下潜122次，获取了海量的视像数据资料和高质量的地质生物样品。

“蛟龙”号勇闯深海极端环境区域，展现了不同凡响的能力，完成了很多其他设备不能完成的精细取样和调查。

2012年6月，“蛟龙”号载人潜水器已经完成包括潜水器载人球壳全寿命监测、框架结构的调整设计和建造、水下灯光视频系统的改进设计、作业工具接口规范与增加、测深测扫技术升级、控制系统适应性升级等在内的6大项28小项的技术性能优化，顺利完成7000米级海试工作，在西北太平洋深渊区下潜12次，取得中国船级社7000米级复检证书，通过了科技部专家现场验收。

海试结果显示，“蛟龙”号经性能优化后工作稳定可靠，潜水器维护效率和作业能力显著提升，潜水器现场维护保障人员缩减37.5%，潜水器最短回收时间压缩44%。

“蛟龙”号可以用于海沟超深渊的作业吗

“蛟龙”号可以用于海沟超深渊的作业，因为它可以下潜到

7062 米。海沟的深度比普通海底要深得多，“蛟龙”号围绕海沟的超深渊地形地貌特征及地质构造演变、超深渊生物群落结构及空间分异机制、超深渊地震活动与地质灾害特征等科学问题，获取了一批高精度定点定位的高质量地质生物样品、高分辨率地形地貌数据和高清视像资料，为深渊区前沿科学研究工作奠定了基础。

探索海沟超深渊，触摸地球最深的海洋，这让专注于海洋的地质学家、生物学家、环境学家、化学家、物理学家、气候学家们为之兴奋不已。超高水压、没有阳光、匮乏的食物供给、特殊的海底地形和活跃剧烈的构造活动，这些极为独特的生命、环境和地质现象，或许会把相关学科研究带入全新的境界。

深渊科学研究是当前国际海洋学研究的前沿和热点，美国、英国及日本等国家先后开展了深渊科学考察。

“蛟龙”号的投入使用，使中国成为世界上少数能够开展深渊科考，特别是载人深渊科考的国家之一，彰显了我国在深海装备研发领域的实力。

8 “奋斗者”号的故事

自中国大洋矿产资源研究开发协会成立以来，我国已组织开展了80多个航次的大洋调查，航迹遍布三大洋，海上作业时间超过15000天，调查面积约500万平方千米。“多种资源、多海域、多船作业”的深海资源勘查的战略布局初步形成。

随着我国综合国力的高速增长及国家重大科技计划的支持，深海调查装备实现了由引进消化、关键技术突破到完全自主创新的根本性转变。随着大量高技术装备投入应用，我国对深海大洋的认知水平大幅提升。

“奋斗者”号的诞生

深海万米之处是科研“无人区”，载人潜水器则是进入“无人区”的科考利器。针对深海的科研“无人区”，我国又研制了第三代载人深潜器——“奋斗者”号。它是全海深载人潜水器，以深渊科学应用为主要研究方向，旨在促进人类对深海尤其是深渊的理解和认识。

该载人潜水器由中国船舶集团公司第七〇二研究所牵头，联合中国科学院声学研究所、中国科学院沈阳自动化研究所、中国科学院深海科学与工程研究所等国内百余家单位共同研制。

“奋斗者”号载人潜水器是世界上第四台全海深载人潜水器，也是现役的两台全海深载人潜水器之一。另外 3 台全海深载人潜水器分别是“的里雅斯特”号、“深海挑战者”号和“深潜限制因子”号，其中“的里雅斯特”号和“深海挑战者”号均已退役。

与这 3 台潜水器相比，“奋斗者”号在综合性能、载员人数、单潜次海底作业时间以及作业能力等方面均有较佳表现。

“奋斗者”号是国际上唯一能同时携带 3 人多次往返全海深作业的载人深潜装备。“的里雅斯特”号和“深海挑战者”号载员人数分别为 2 人和 1 人，均只有一次抵达万米海底的经历；“深潜限制因子”号载员人数为 2 人。“奋斗者”号载人舱内径为 1.8 米。研制之初，普通钛合金材料无法满足“奋斗者”号的使用需求，也不适用于万米超高压力的结构设计规范。

为此，项目组选用了新型高强度钛合金材料，创建了“全海深潜水器耐压壳体设计计算规则”，突破了新型钛合金宽幅超厚板轧制、半球整体冲压技术，采用特殊真空电子束焊接技术等，攻克了钛合金载人舱全流程设计和制造技术。通过构建规范化的检测、试验体系和实时检测技术，为潜水器的安全提供了重要保障。同时，针对载人舱的结构安全评估需求，开展了低周疲劳试验研究和蠕变试验研究，建立了钛合金耐压结构疲劳寿命评估方法，为潜水器服役性能评估提供了重要依据。

不同凡响的“奋斗者”

单次下潜海底作业时间长。“奋斗者”号具备低能耗、高有效载荷搭载能力。安全、充足的油浸锂电池及其配电装置保障了海底6小时的作业能力。海试中，“奋斗者”号6次实现超过10900米的下潜，每次均在海底作业6小时以上（最长达6小时43分钟）。“的里雅斯特”号、“深海挑战者”号和“深潜限制因子”号在全海深海底最长停留或作业时间分别为20分钟、3小时和4小时。

作业能力强。“奋斗者”号拥有双机械手、大尺寸采样篮、充足的液压动力和200千克有效载荷配置。海试中，“奋斗者”号在万米海底获得了岩石、沉积物、宏生物（钩虾、海参）、微生物、原位海水等丰富的样品，借助“奋斗者”号精确的定位能力和先进的水声通信能力（通过水下声波传送信息），开展了原位实验装置（即在海底原地开展实验的装置）、水体系列气密取样器的原位实验（在FDZ028潜次由“奋斗者”号搭载至10900米海底布放，FDZ029潜次由“奋斗者”号在海底搜寻并回收）以及多次与“沧海”号着陆器的联合作业实现了万米海底场景、舱内人员及作业的高清视频直播。与之相比，“的里雅斯特”号不具备作业能力，“深海挑战者”号和“深潜限制因子”号均只配备了一只机械手与一个可伸缩采样篮。

“奋斗者”号研制和海试成功是我国深海科技领域自主创新的一个重要里程碑，开启了人类在海洋极限深度开展常规科考作业的新时代，将鼓舞和促进我国深海高科技的研发与产业发展，为我国深海科学研究事业的发展和海洋强国战略实施提供有力支撑。

第三章

乘“蛟龙”号去探测深海

只有真正抵达，才会知道，

海洋世界就像幽暗的外太空，

水下生物散发着星辰一样的光芒。

很多人问我，为什么会选择跟“蛟龙”号去2700多米的深海？置身幽暗深海时会害怕吗？

我能理解他们所担心的，毕竟海浪汹涌险恶，海上艰难孤独，海下又是幽暗无声，漫长的海上科考过程不啻一场与自然和心灵的搏斗。因为面对未知时，产生孤独感和恐惧感确实都是人之常情。但我想说的是，如果这场探索活动是你的热爱之所在，是你的梦想之所系，你就完全是另一种心态。在执行深海下潜任务时，好奇心、责任心、使命感和成就感几乎塞满了整个大脑，你欢欣雀跃都来不及，哪里有时间去理会害怕、无助和孤独这些情绪呢？

1 怎样才能搭乘“蛟龙”号

自 2013 年至 2018 年，“蛟龙”号已经连续开展了中国大洋 31、35、37、38 共 4 个试验性应用航次及后续科学应用航次。试验性应用是一边科考一边检验性能，一个潜次需要两名潜航员下潜，只能携带一名科学家；科学应用航次就是业务化运行了，每个潜次只需要携带一名潜航员，可以有两个不同专业方向的科学家同时下潜。

截至 2023 年，“蛟龙”号已经完成了近 200 次下潜作业，在我国南海、东北太平洋、西北太平洋和西南印度洋等几个作业区取得了丰硕的科考成果，验证了“蛟龙”号在复杂海底环境下无可比拟的技术优势。

载人深潜器最主要的应用领域是进行海洋生物和海洋地质研究，在航次出发前几个月的时间，就会确定好航次的调查任务，在哪些海域作业，执行什么样的任务。

2013 年 9 月 7 日，在“蛟龙”号的首次试验性应用科考中，我参加了整个航次任务中第二、第三航段在太平洋的科考。此航次一共分为三个航段，第一航段是在南海执行任务，第二、第三航段是在太平洋。

我搭乘“蛟龙”号执行了第 72 次深潜任务，作业区是西太平洋的海山，调查的正是我国富钴结壳的矿区所在地。富钴结壳又叫铁锰结壳，主体是铁和锰的氧化物，其中钴的含量很高，主要分布在海山上。

具体下潜位置是在 2774 米深处的采薇海山的西侧斜坡。到达坡底后，我们有一个 600 多米高的爬坡作业，在这个斜坡上进行富钴结壳分布调查，以及地质取样和生物多样性的调查与取样。

我有地质学的背景，当时手上正好有西太平洋海山的研究课题，除了采取矿产资源样品和生物样品之外，还需要采集岩石样品。所以，我有幸参加了“蛟龙”号的首次科考。

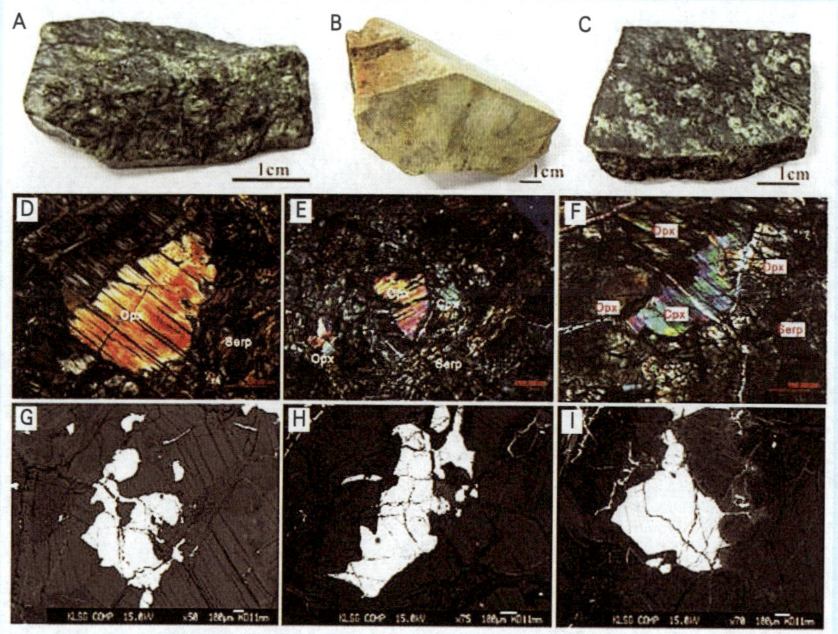

图 16　俯冲带橄榄岩样品（如图 A、B、C 所示）及显微镜下矿物照片（如图 D、E、F、G、H、I 所示）

问问科学家

1．问：海洋地质研究的内容是什么？

答：海洋地质的研究方向很多，比如，研究沉积物的迁移与物源、研究海底矿产资源的形成等。我的研究对象是岩石，侧重于地球深部地质过程。这些都属于基础研究。

2．问：一块石头在普通人眼里就是一块石头，在您眼中它有什么特殊意义吗？

答：我搭乘“蛟龙”号深潜到2774米的西太平洋采薇海山，采集了一些岩石样品。这些样品在大家看来，也许就是一块块黑乎乎的丑石，但在我眼里，它不仅是我千辛万苦从海底带回来的宝贝，而且它对后续的科学研究有很大的价值。因为它记录了地球往事，是地球凝固的血液，通过测量其中的“红细胞”“白细胞”可以了解地球的演化历史。

3．问：岩石有什么作用？

答：简而言之，岩石就像地球内部的探针，可以用来反向推演地球内部的岩浆作用。大地构造运动会留下不同类型的岩浆记录，岩石圈的消亡和新生就如同人体的新陈代谢，岩石相当于我们研究人体时的血液取样，而分析里面的元素含量就如同分析血液里的红细胞和白细胞一样。

以俯冲带的岩石取样为例，我们可以取到橄榄岩、辉长岩和玄武岩，再通过研究这些岩石推演出地质历史上板块的构造演化，建立构造演化模型，从而帮助我们认识过去发生了什么。

4. 问：科学研究对当下和未来的生活产生哪些影响？

答：对自然科学的研究可以让一个人形成理性的思维方式。很多学科的本质和道理是相通的，比如我对地质学的研究，当然不能只研究地球，而是需要跳出地球看地球，从宇宙的诞生、演化，太阳系的形成来了解地球的形成演化。

地球有46亿年的历史，人类只是生物进化史中的一个物种，我们和其他生物都是同宗同源的，都是由35亿年前的星际物质进化而来。宇宙有着深刻的数学之美，大到银河系，小到一颗松果、一朵太阳花，都是符合斐波那契数列规律的。地球永远不会爆炸，只是会慢慢地变凉，变成一颗僵死的星球。人类的终极未来是冲出太阳系，移民宇宙。

科研工作给予当下的我很多启示，生命来之不易，我要珍惜有限的生命，珍惜这漫长的35亿年才得来的智慧体，享受生命绽放的过程。我要听从内心的声音，去做自己热爱的事情，竭尽全力地付出，之后顺其自然地接受结果。

2 下潜前的准备工作

在一个航次出发前几个月，航次组织单位会制定详细的航次规划，部署航次任务，做航前准备。2013 年 6 ～ 9 月的中国大洋 31 航次是“蛟龙”号的首次试验性应用航次。试验性应用阶段持续 5 年，这 5 年时间都属于“蛟龙”号的试验性应用，即边科考边完善性能，探索其应用性。

问问科学家

问：什么是航次？

答：中国大洋航次是由中国大洋事务管理局领导的，由几家涉海研究所负责主导组织实施，参加的有涉海研究所和高校等十几家单位，几乎每年都有航次任务，到 2023 年已经有 80 个航次了。2013 年的大洋 31 航次就是其中之一，不过，特别的是，这一次不是普通的航次调查，而是与“蛟龙”号同行的一次。

每个航次通常有 8 ～ 10 个航段，时间长的有 300 多天在海上作业，“蛟龙”号的第一次科考算是时间短的，前后 3 个月时间，主要是为了海底资源的调查和完善深潜器性能。

下潜前 5 个月

2013 年 4 月，作为大洋 31 航次的科考队员之一，我去江苏无锡参加了培训。这次培训主要内容包括熟悉航次任务和心理培训，比如怎样克服幽闭恐惧症等。此外，我们还到无锡中国船舶集团公司第七〇二研究所的“蛟龙”号试验性水池进行了实地深潜体验。

在无锡的七〇二所，我第一次看到真实的“蛟龙”号，当时十分震撼，觉得它非常厉害。潜航员带我们到载人舱内学习基本操作，熟悉操作按钮，主要是熟悉操作让载人深潜器上浮的关键按钮（万一潜航员发生意外，其他人也懂基本操作，能保证深潜器上浮到水面，从而保障人员的安全）。此外，我们还熟悉了拍照和摄像设备，并体验了水池内 13 米的深潜和上浮的过程。

图 17 无锡七〇二所“蛟龙”号试验间

2013 年 6 月 5 日 14 时，“蛟龙”号的母船——“向阳红 09”号船缓缓驶离青岛市母港，前往江苏江阴，在搭载“蛟龙”号载人潜水器后，于 6 月 10 日正式起航，前往南海和太平洋执行“蛟龙”号首个试验性应用航次任务。这是“蛟龙”号的首次科考，是它第一次应用于科考任务。

“蛟龙”号的 2013 年试验性应用航次共分为 3 个航段。第一航段开赴南海特定海域开展调查任务；第二航段在 7 月中旬于厦门起航，航渡至多金属结核勘探合同区海域，开展科学调查任务，完成航段任务后，将停靠密克罗尼西亚的波纳佩港补给；第三航段从波纳佩起航，航渡至西北太平洋富钴结壳勘探区预定海域，开展科学调查任务，完成航段任务后返回祖国。历时共 110 余天。

图 18 “蛟龙”号准备入海出发

本航次是“蛟龙”号首次试验性应用航次。开展试验性应用，发挥“蛟龙”号技术优势，既是加快“蛟龙”号业务化运行的必由之路，也有利于提升我国对深海大洋的认知水平。

我参加的是“蛟龙”号这一航次的第二、第三航段，执行了第72次深潜任务。“蛟龙”号从研发成功之后便开始深潜，到我执行任务时是第72次深潜，它已经是久经考验的“老兵”了。

图19 深潜前一天和唐嘉陵一起到载人舱熟悉操作设备（李英摄）

下潜前3天

在深潜的前3天，我就领到一个背包。大家可以猜猜这个包里有些什么？吃的？是的，包里有巧克力和坚果，还有一条毛毯。

巧克力和坚果是用来补充能量的，因为作业中没有饭吃。那毛毯用来做什么呢？没错，是用来御寒的。海面上有20多摄氏度，但海底的平均温度只有1摄氏度到2摄氏度，需要毛毯御寒。载人舱的直径只有2.1米，空间狭小，里面还有高清拍摄系统和生命支持系统等复杂的设备，但没有卫生间。所以下潜前一天晚饭开始我们就不能喝水了，这样就可以保证10小时的作业过程中不用考虑上厕所的问题。

后来我下潜的当天早上只吃了一个煮鸡蛋和几块饼干，滴水未进。

下潜前一天

在执行深潜任务的前一天，潜航员会再次带领科学家去载人舱熟悉操作设备。

图20 深潜之前（李英摄）

3 起航和航渡期间

2013 年 7 月 19 日，搭载“蛟龙”号的“向阳红 09”号船在厦门码头起航，这是“蛟龙”号首次试验性应用航次的第二、第三航段。

“向阳红 09”号船住舱紧张，因此我和国家海洋局预报中心的李英老师、新华社记者余晓洁住一个房间。央视记者王凯博和杨理天合住一个房间。本航次只有我们这 5 位女性队员。

图 21 起航时全体队员于厦门码头合影（李英摄）

图 22　码头留影（李英摄）

图 23　我和余晓洁在“蛟龙”号的搭载平台合影留念（李英摄）

7 月 31 日，我们穿越了国际日期变更线，总指挥组织队员们合影留念，并举行了纪念活动。当天天气很好，蓝天白云，风平浪静，水面四下平铺开去，直到天边，像金箔匠打出来的箔子一般，平整至极。大家一起在甲板上欢呼。望着一张张热情洋溢的脸，再望向他们身后遥远的大海，我的心情却无法像眼前这片海一般平静，我想起已经开启的征程和未来面临的挑战，也想起从前读过的关于航海的小说、诗歌，这些思绪与海面上腥咸的风混杂在一起，竟然变成了最汹涌的浪潮滚滚而来，占据了我所有的意识。

有着“海洋史诗”“最伟大的航海小说”等美誉的长篇巨著《白鲸》中有一段话描述了人们出海航行的激动心情，此时此刻，我算是真正共鸣了：“当你初次坐船出海，一听说你和你的船此刻已经远离陆地看不见它的时候，你本人便会感到一种莫名其妙的激动，这又是为什么？”

图 24　科考队合影（李英摄）

大海那么美，然而我没办法一直用自己的眼睛去欣赏和记录它的美，因为煞风景的是起航后的前 3 天，我一直在晕船呕吐，好在 3 天之后基本就适应了。适应后的我一切如常，跟在陆地上工作、生活时没有什么两样了。

航渡期间，除了进行日常值班和自己的研究工作之外，大家都会去甲板上拍照，看日出日落和月升月落，也看朝霞漫天和繁星点点。跟陆地上不一样的是，海上风云变幻，如果下雨了，雨后就总能看见完美的彩虹。

船上有丰富的娱乐生活，队友们会约在一起打乒乓球。举行乒乓球比赛时，因为队里的女生少，我就直接参加男子组的比赛，或者混双比赛，都能拿到前三。闲暇时，我们也会偶尔看看电影。船上还举办了蛟龙大学，不同专业方向的科学家轮流给大家讲课。

图 25 彩虹下的科考队员（付毅飞摄）

图 26　夕阳即将落入海平面之下，金色的光芒照耀在海面上，
年轻的队友聚在船尾谈论梦想（李英摄）

图 27　皓月当空，科考船路过一座火山（李英摄）

图 28 在蛟龙大学课堂授课（李英摄）

除了深潜作业之外，我们还有很多日常的作业，比如 CTD 采样(采集不同水深的海水进行温度、盐度、深度的测量)、采取柱状样(圆柱形采样器)、箱式取样（像箱子一样的采样器）等。海洋生态实验室的同事日常采取表层海水样品，分析表层水的成分变化。

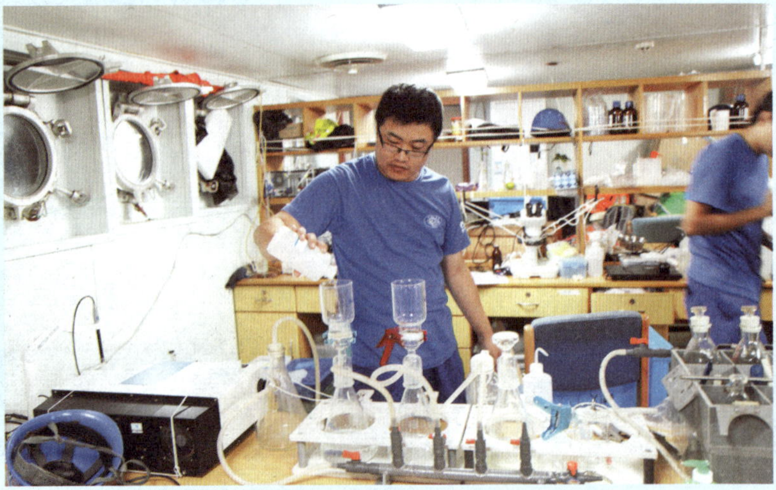

图 29 同事董彦辉在进行海水化学处理（付毅飞摄）

图 30　分割沉积物样品

图 31　熟悉常规采样设备（李英摄）

4 靠港波纳佩

2013年8月28日，中国大洋31航次“蛟龙”号首次试验性应用航次第二航段结束，中途停靠密克罗尼西亚联邦的波纳佩小岛。在结束了一个航段40多天的科考任务之后，靠港补给的两三天是最愉悦的时光。

在茫茫海面上，空无一物，偶有海豚和飞鱼出没。看到天空飞来几只海鸟，大家都会很兴奋。因此在临近靠港时，看到慢慢靠近的岛上绿树，就像见到亲人一样，终于不只是满眼的蓝色了。

此刻，我也终于领悟了麦尔维尔在《白鲸》中写到的港口对水手和船只的意义：“港口是乐于救援的，港口富于怜悯心；进了港口便有平安、舒适、融融炉火、晚餐、温暖的毯子、诸多朋友，对我们凡夫俗子最亲的一切。”

波纳佩小岛

我们的船终于抵达波纳佩小岛。下船踏上岛屿之后，我感觉终于接了地气，狠狠地跺几下脚，这是真正脚踏实地的感觉。

波纳佩岛属于太平洋岛国密克罗尼西亚联邦，这个只有4万人口的岛屿就像个小镇。这里处处呈现着人类的原始与本性，来自繁荣嘈杂大陆的我们，不禁对这片土地充满新奇和敬畏，同时又可以不费力气地融入这样的环境。

阴雨连绵的天气，造就了高大茂密的天然植物林。这里的植物如同这里的人，温润美好，充满激情，简单朴实，从不畏惧雨水与汗水的洗礼。这里的人憨厚可亲的微笑里充满着对现实的满足与感激。这里有着细腻可口的面包果（一种淀粉类的果实），品种繁多的香蕉树，高大茂盛的椰子树、杧果树和槟榔树，流淌不息的溪水，无穷的鱼类资源。大自然丰厚的馈赠，让这里的人们有些许慵懒却又无比幸福快乐。

这里没有太多奢华的东西，一切都是那么简单朴实；这里没有太多的规则和条例，人们懂得相互谦让，无拘无束，像风一样自由，社会秩序有条不紊。没有了所谓现代文明的机器轰鸣，没有污染，没有癌症，人们的平均寿命达到 90 岁，很多人可以活到 105 岁，只有岁月才可以剥夺他们活着的权利。

岛上一片热带雨林风光，飘来一朵云就是一阵雨，四季如夏，一条裙子穿四季。岛上基本无农业、无工业、无污染，如同世外桃源。居民主要吃树上的面包果，以及附近海域丰富的海产品。

科考船的蔬菜补给依靠中国驻密克罗尼西亚联邦大使馆专门开辟的农场。当地居民生活富足而悠闲，成人体重目测都在 150 斤以上。我们在街上拍到一个 8 岁的小女孩，她还未“发福”，很漂亮，我们称之为“密克罗尼西亚第一美女”。每家几乎都有两辆国外淘汰的旧车，岛上无红绿灯，行人经过时，车停下让行。岛边的海水清透无比，直接可以看见数米以下色彩斑斓的珊瑚，远处的海面与天空相接，分不清是蓝天还是海水。

在饱览岛上美妙的风景之后，大家无一例外地扎到有无线网络（Wi-Fi）的餐厅吃饭，忙着跟国内的朋友联系。

我们在波纳佩的停留很短暂，离港那一刻，下了一场几分钟的阵雨，海面升起一道完美的双彩虹。波纳佩以这样美丽的方式为我们送行。

图 32 漫长的航行之后，终于看到了陆地，看到了绿色（李英摄）

图 33　波纳佩海边风光（刘诚刚摄）

图 34　波纳佩海洋公园（刘诚刚摄）

图 35　波纳佩海景（刘诚刚摄）

图 36　清澈见底的海水（刘诚刚摄）

5 深潜的奇幻旅程

2013年9月4日，我得知自己已被确认执行“蛟龙”号第72潜次的深潜任务时，一颗悬着的心终于踏实地回落下来。但接着我又开始紧张起来，沉甸甸的责任与压力也随之而来。

虽然我在4月已经去无锡培训过，也进过真正的“蛟龙”号，在试验性水池内下潜了13米，但那时并不完全确定自己能上船并在太平洋执行深潜任务。因为听说船上住舱十分紧张，每个住舱需要几人合住才不至于浪费床位，如果没有其他女性队员上船，我便不能参加这个航次任务。后来，因为中央电视台和新华社派出的记者都是女性，我们可以合住，这样我才有了参加的机会。

在2013年7月的大洋31航次中，“蛟龙”号首次试验性应用航次的第二、第三航段起航之后，第二航段在东太平洋进行了5次深潜。靠港波纳佩之后开启第三航段，我终于在第三航段的末尾得到了深潜机会。

这是“蛟龙”号首个试验性应用航次的最后一次应用下潜，机会非常难得。虽然我对这个领域也有一定的研究基础，但仍然有很多让我困扰的问题，比如现场究竟会怎样，会产生哪些新的认识等。

我将要下潜的位置是采薇海山的西侧斜坡。此次作业的主要任务是生物多样性调查取样与结壳分布情况调查及地质取样。

我把第 70 潜次王春生老师下潜的视频资料看了一遍。他下潜的位置是采薇海山的东侧斜坡山脊处，那儿基本都是大块的板状结壳覆盖，沉积物较少，岩石的露头也很少，取到的样品基本是结壳，玄武岩样品还比较缺乏。因此我与主驾驶傅文韬商量，尽量在断崖处取样，这样的剖面处玄武岩的露头会好一些。

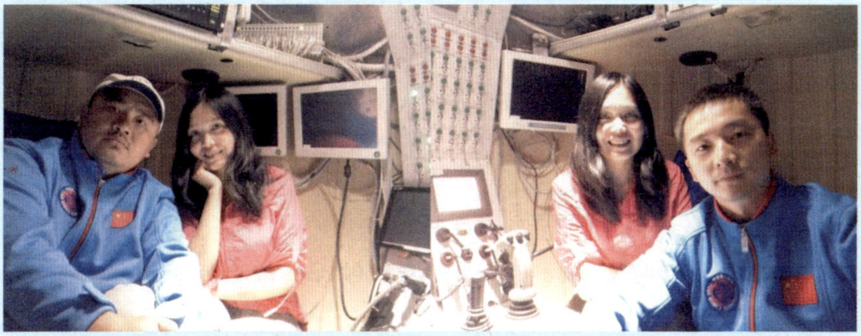

图 37 “傅立叶”组合的舱内互拍（我们从每个人的名字里取了一个字组成了“傅立叶”组合）

入舱

2013 年 9 月 7 日，早上 8 点 30 分，我们入舱。我的心在经过 3 天狂跳之后，此刻终于安定下来。

之后，A 型架用吊缆把我们乘坐的“蛟龙”号吊到海面上，“蛙人”（也就是水手）穿着救生衣，开着一艘小艇冲到“蛟龙”身边，然后他们跃到“蛟龙”背上，把吊缆解开，接下来全程是一个无绳无缆的自由下潜。

和我一起入舱的是叶聪和傅文韬。傅文韬是主驾驶，坐在中间。叶聪是副驾驶，坐在左舷。当时是“蛟龙”号的试验性应用阶段，每个潜次的成员是两位潜航员加一位科学家。我是科学家，坐在右舷。

进舱后，我按央视记者王凯博的建议在右舷半躺下来，因为潜器在注水下潜之前有一段时间是漂在水面上的，其间晃动比较大，人容易晕。

在水面经过了短暂的晃动后，水声通信建立之后，傅文韬向指挥部请求注水下潜。

早上 8 点 52 分，潜器注水完毕，开始下潜，于是我的深潜奇幻旅程开始了。

注水下潜之后，潜器很快停止了晃动。这时我们已经在水下几米的地方了。我赶紧坐起来，通过右舷的观察窗看外面。

下潜 5 米

第一次在水下看海面，阳光透下来，海水湛蓝湛蓝的。

下潜 50 米

很快，水面就看不见了，只见窗外的浮游生物如暴雪般袭来，但颗粒都非常细小，一幅“群魔乱舞”“海雪”纷纷扬扬的景象，就像海里下起了雪，这些小雪粒就是浮游生物。

下潜 300 米

窗外越来越暗。下潜到 300 米的时候，我问傅文韬："怎么还没有看见发光生物啊？"他说："要等到完全黑下来才有。"我说："这已经很黑了啊。"他说："你看窗外的机械手都还能看见，等到看不见时，就说明完全黑了。"

问问科学家

问：海底多少米深度的地方就是一片黑暗呢？

答：海底 200 米以内是阳光充足的地方，这里的海底世界绚烂多彩。海底 200 ～ 1000 米处被称作海洋的暮光区，是光合作用开始失效的水深位置，这是一片神奇而梦幻的幽暗水域。海底 1000 ～ 4000 米，是与外界的可见光完全隔绝的水域。海底 4000 ～ 11000 米，是真正意义上的深渊，抗压是唯一的生存法则。

由于光照、水的混浊度不同，肉眼可以看见光亮的深度也是不同的。

在西太平洋采薇海山下潜到 300 米时，我向窗外一看，果然还能看见机械手。我特别期待能快点看到发光生物，因为之前读过陈鹰老师的《深海科考探险日记》，书里写道，它们像静谧的夜空中一眨一眨的星星。

我十分期待这一美景的出现，于是将脸一直贴在观察窗前，眼睛也不敢眨一下，唯恐错过。

下潜 350 米

下潜到 350 米的时候，突然眼前一亮，第一个发光生物出现了，真的是像星星，不过是像流星，很快就从我眼前划过，消失在无边无际的黑暗中。

其实，它们是不动的，而是我们的潜器一直在飞速下潜，因此它们才像一颗颗流星般划过。有一些发光生物像萤火虫般在我们的窗前萦绕着，慢慢漂过；有时还有一大串一大串漂过的，如雪树银花般晶莹；也有的本来聚集在一起，也许被我们打扰到就一下子散开去，像夜空中绽放的烟火，让人不禁想起辛弃疾的“东风夜放花千树”来。我推测这些发光生物应该是水母一类。

世界真神奇！我们在船上时看夜空，看到的是满天星斗和璀璨银河，没想到在海底世界里，也能看到漆黑“夜空”和灿烂“星辰”。

我数了一下，这些发光体每分钟在视野中出现 10 ~ 15 个，但到了 1100 米以下就很少了，一分钟也只能看见几个，到 1600 米以下，几乎一个都没有了。

当吸引我的发光生物不再出现时，我返回座位休息，等待目标深度的出现。我们此次下潜的目标深度是 2750 米，然后爬上一个高度为 650 米的斜坡，在 2100 米水深处上浮，最后实际下潜的深度是 2774 米。

下潜 2500 米

到 2500 米的时候，叶聪和傅文韬打开高清云台照相及舱外的探照灯，做好坐底（指“蛟龙”号停留在海底）前的准备工作。我看向窗外，目之所及，全是海水。

下潜 2740 米

下潜到 2740 多米的时候，叶聪说：“快到底了，抛载。”此时是上午 10∶19。

一两分钟后，我们打开探照灯，一大片白色沉积物突然跃入视野，如同海边的沙滩。我脑海中瞬间浮现的却是宇宙飞船着陆外太空的景象。难怪人们喜欢把“上天”和“入地”联系在一起，那景象确实是非常一致的，此时此刻，我们真的就像到了海底的“外太空”。

顺便说一下，我们在海底还真的能实现跟外太空联系呢。在“蛟龙”号 7000 米深潜成功的时候，“蛟龙”号的潜航员和天上神舟九号的航天员进行过跨越海天的对话。

海底作业

“蛟龙”号不仅可以着陆，还可以悬停。于是我们就悬停在离海底 6 米的地方取水样。

我紧紧地贴在窗口向外看，只见一片茫茫的白色沉积物和少量黑色结壳露头，一种令人窒息的惊奇和无法言说的美瞬间攫住了我的心。

潜器右侧是斜坡的一个低洼处，沉积物多，左侧是小的山脊，结壳和岩石多，这么小的范围，地形地貌变化很大。取完水样，潜器便开始爬坡，这就如同在陆地上开一架小型直升机在山坡上飞行。

刚开始爬坡，我就看到右观察窗外有一株漂亮的海绵生物。我赶紧告诉傅文韬，他停下来把潜器转了90°，坐底取样。我赶紧记录时间、水深并拍照。取完海绵生物后我们又在附近取了一块岩石样品。这里虽然有小的陡崖，但断面看起来绝不是玄武岩，断面是破碎的且呈层状。我让傅文韬用机械手拨一下底层，岩石比较容易破碎，后来证实确实不是玄武岩，而是磷块岩。

神奇的海底生物

取完岩石继续爬升，一路上我又看到各种生物，如海参、海葵、海百合、珊瑚、鱼、虾等。通过这两个月与生物学家的接触，我积累了不少生物知识，加上之前认真研习过王春生老师提供的相关资料，知道这个区域可能存在的生物，也大致了解了这些生物的形态。这些对我此次下潜大有裨益，也增添了无数乐趣。

这些海底的固着生物真是神奇，它们有根，像花一样长在海底。有的晶莹剔透，纯净无比，如天山雪莲；有的鲜艳欲滴，美得不可方物。它们的形态和植物一样，很像没有叶子时期的彼岸花，只有一根茎托着一朵花，但不是植物。

后来，我又看到一种“丝袜”状海绵，形态像极了一只长筒袜，但洁白无比，轻盈透亮，如用银线织就，叶聪给它取了个名字叫

“丝袜”海绵。

除了固着生物，还有一些生物没有根，可以在海底爬行和游动，如海参、海葵、海星等。那些胖胖的海参也有很多不同种类，有的背上长了几个“鳍”，鸡冠状，有的还翘着长长的“尾巴”。

最有意思的是一种从没见过的海葵，它的身体里住着一只寄居蟹，红色的爪子露在外面，身体在里面，带着海葵向前爬。海葵有6个腕，每个腕口伸出密密的触手，像极了寄居蟹的华美外袍。

为了抓取这个从没见过的“怪物”，傅文韬着实费了点劲儿。第一次抓取时，它掉在了两个生物采样箱之间，机械手抓不到，傅文韬试图用沉积物采样器推下去再抓，也推不下去。

我建议他把潜器向上开一点，让它自己掉下来再抓。潜器推进器一开，立刻激起沉积物飞扬，视野中一片“烟雾”。我们紧急搜索，在“烟雾”中，我们看到这个“怪物”正好被水流带到潜器前方，出现在显示屏的中央。我们稍微向前追踪了一下，这次机械手稳稳地抓住了它，把它放进了生物箱里。

刚才这样的采样过程是以往任何工具都不可能实现的，这又体现了深潜器的一个优点——现场追踪。于是我们把见到的各大类生物基本取了个遍，除了那种游动很快的鱼和虾。

说起来，深海的虾也十分奇特，它的身体是红色的，跟我们平时煮熟了的虾一样。它通过小爪子前后不停地划动来游走，着实可爱。

13∶23，我们取完海参，确认王老师交代的几种生物除了某种珊瑚之外基本已经取样完成了——这种珊瑚到目前为止我们还没有发现它的影踪。我们决定除了珊瑚外，其他生物样品不再取样，只拍照。我们还得重点突破玄武岩样品的取样，因为到目前为止取到的岩石都不是玄武岩。接下来，我们不停地寻找断面，用机械手去碰触，但很多都不是玄武岩的露头。大部分山脊的地方都是大片的结壳，低洼的地方都被沉积物覆盖，露出一些结壳或者岩石的表面。一路上我们又看到好几只海参和不同形状的海绵等，我们都拍了照，只是一些鱼和虾游得太快，照片拍得不清晰。

功夫不负有心人，在我们苦苦搜寻的过程中，终于在14:05时，一株美丽鲜艳的珊瑚跃入视野。它有一根大约2米长的“茎”，“茎”上簇拥着粉色喇叭状“小花朵”。这就是王老师想要的样品了。虽然我很不忍心破坏它，但也果断决定取下来带走。

搜寻玄武岩

我们继续搜寻玄武岩，傅文韬非常执着，一定要帮我取到玄武岩样品。这里的地质情况也让我非常惊诧，虽然之前有所了解，知道有结壳的下覆基岩有沉积岩，但不曾想到竟有这么厚，当时也不能确认岩性，有的地方出露的有5米厚，以至于作为海山本体的玄武岩出露很少。

有时候我看到比较致密的断面，猜想应该是玄武岩，想取样，但它太大了，机械手抓不了。这时我就恨不得拿锤子出去敲一块下来，再不行如果有个浅钻就好了，机械手直接操作去钻一段岩芯。

我们能留在深海的时间已经越来越少了，按要求，应该15:00时抛载上浮。我的心里有点急，又有些遗憾。

14:59时，在2100多米水深处，机械手突然在一个很像玄武岩

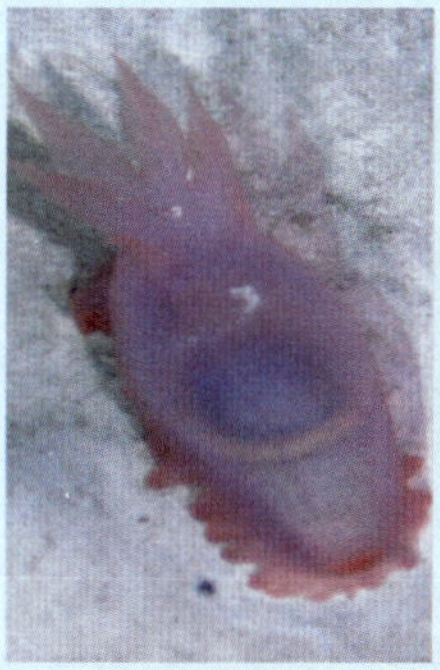

粉色海参

海星

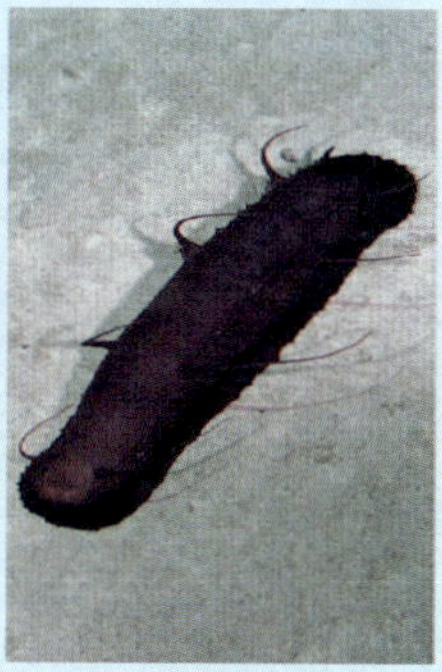

带刺海参

海葵

“白玫瑰”海绵

六腕海星

“丝袜”海绵

“蘑菇”海绵

图 38　深潜当天采集的海底生物标本

露头的断崖处抓起了一块岩石，傅文韬从机械手抓取的力度中感觉到它很坚硬，应该是玄武岩了。当放入采样篮中时，我凑近看了下，也初步判断应该是玄武岩（回到甲板后最终证实它的确是玄武岩）。这块样品一放入采样篮，我们就立刻抛载上浮了。

Happy ending, 各种样品都取到了！

再见，采薇海山。

告别海底

整个作业过程 4 个半小时，进行得非常顺利，三个人配合得也很好。

叶聪整体掌控全局，一边进行高清摄像，一边观察左边地形，提醒潜器避免撞击，还不忘提醒傅文韬机械手温度太高了，又多次提醒我将照相机上调，避开机械手，拍完照让照相机复位。

傅文韬一直跪在主观察窗前，一边操作潜器爬升，一边观察潜器前方地形和生物情况，并进行取样。

我则负责右侧的观察和搜寻，对我们观察到的生物和地质情况以及采样情况进行记录、拍照，并对取哪些样品做主要决策。一开始我对高清云台照相操作得不熟练，担心拍的照片不好，于是对每个样品总是多拍几张，想着总会有好的吧。

4 个半小时的海底作业时间一晃而过，我既忙碌又兴奋，完全没有感觉到冷和饿。直到抛载上浮后，我才突然发觉由于长时间跪在观察窗前，腿已经非常酸痛了。舱内又湿又冷，我拿出王凯博借给我的厚外套穿上，又把船长借给我的毛毯盖在腿上，吃了些巧克力和坚果，又投入工作状态中——开始整理当天的观察、取样记录和获得的认识。

回到海面

上浮时间很快，1 小时后我们已经回到海面了。

我收起记录表和笔记本，迅速躺下，因为在海面上晃动得非常剧烈。叶聪说来点音乐，傅文韬用手机放了一曲《劲歌金曲》，并随之哼唱起来。我则懒懒地哀号："他们怎么还不来'救'我们啊？"在经过了 20 多分钟的晃动后，我们终于被拉上了甲板，等待我的是 6 大桶水的洗礼。这是一个特殊的"泼水礼"，庆祝第一次下潜的人平安归来。上船后先浇 5 桶常温水，最后再浇一桶热水，每一桶水都是庆贺英雄凯旋。

整个下潜的过程非常顺利，取得的样品很丰富，也拍了不少漂亮的照片。两位潜航员都非常"给力"，主驾驶傅文韬的机械手操作能力很强，我们要取的样品基本取到了。在舱内的时间感觉过得非常快，每一分钟都有新奇的发现和感受，8 小时转瞬即逝。连我原本担心的上厕所问题也没有出现，因为我前一天晚饭后就没再进水。我怕自己忘掉规则习惯性地去喝水，还特意把杯子藏了起来。当天早上我只吃了几块饼干和一个煮鸡蛋，忙了一天，直到出舱我都没有想上厕所的感觉。

晚上向指挥部汇报完后，持续兴奋的情绪急转直下，紧绷的神经终于松懈下来，我突然感到特别疲惫，整个人像机器被取了螺丝一样松散下来，美美地一觉睡到天亮。第二天早上我发现身体是酸痛的，尤其腿部，一定是在湿冷的环境下跪了几小时的缘故。我这才体会到潜航员的辛苦，他们在作业区几乎每隔一两天就会经历一次这样的过程。

作为“蛟龙”号的首批“乘客”，我对它的性能非常满意。尤其是载人到海底现场观察的性能，为我们地质科研工作者提供了很大的便捷，让我们感觉跟在陆地上跑野外一样，可以去现场找露头取样，对地质现象进行描述。这是以前任何作业设备都不能做到的。它对海洋生物取样提供的支持也是一样，以前没有任何设备可以在海底现场灵活地追踪生物并进行完整取样。此外，还有很多科学研究需要现场原位的测量和精细定点取样，这些都可以由潜器来完成。期待未来尽快研发出更多原位取样和测量的工具，使潜器获得更广泛的科学应用。

我特别感谢“蛟龙”号的整个研发和作业团队，提供了这样一个深海科考“神器”，搭建了促进科学迅速发展的新平台。

从上船开始，我就被这个团队深深感染着，从总指挥的果断决策、全局把握，几个副总指挥的分工配合，到船舶保障系统、潜器本体、水面支持系统各个部门的密切协作，无不体现着“严谨求实、团结协作、拼搏奉献、勇攀高峰”的深潜精神。船上的每一个人都严谨地做好自己的本职工作，坚守自己的岗位，真正体现了“没有单位，只有岗位”的理念。大家都非常友善，像一个温暖的大家庭。我在船上两个月的工作、生活都非常愉快，我会将这段美好的经历永远珍藏在心底。

图 39 出舱（李思涵绘）

图 40 出舱后的“洗礼”仪式（付毅飞摄）

图 41　和指挥部成员合影庆祝深潜成功（李英摄）

图 42　出舱后接受央视记者杨理天的采访（李英摄）

问问科学家

问：海水的压力到底有多大？

答：初中物理会告诉我们一个液体压强公式：$P=\rho gh$。通过这个公式可以计算出海水的压强，其中，P是海水的压强，ρ是海水的密度，g是重力加速度，h是海水的深度。这个公式告诉我们，海水的压强随着深度的增加而增加，因为海水的密度变化很小，重力加速度是固定值。再根据公式 $p=\frac{F}{S}$，很容易看出受力面积不变的前提下，压力与压强成正比。

深海与陆地环境大相径庭，要进入海底，人类或者潜水器需克服巨大的压力，由此我们也就能想象探测深海的难度。

世界大多数潜艇下潜的极限深度是300米。在300米的深海里，潜艇要承受31个大气压，比在陆地上多30个大气压。随着下潜深度增加，人所承受的海水压力也会越来越大。每下潜10米，人体承受的压力便增加1个大气压。在马里亚纳海沟的最深处，距离海面大约1.1万米，其水压接近1100个大气压，相当于指甲盖大小的地方要扛住一辆小轿车的重量，也相当于2000头非洲象踩在一个人的背上，这个压强足以将一辆坦克压扁。

我在这次深潜过程中，除了科研任务，还做了一个小的科学实验：我把泡沫塑料做成的小鱼玩具和小熊玩具带到海底。等我们完成任务归来后，我取下这些泡沫玩具一看，它们几乎变得面目全非了，只有原来的五分之一大小。这说明海底的压力是非常大的，同时也说明压力是四周均衡的，因为它们只是变小，并没有变形。

图 43　用泡沫塑料做的小玩具深潜前后形状、大小对比。深潜归来后，小玩具都变小了

6 航次结束的时候

两个多月的海上“漂泊”，一群人在同一条船上乘风破浪，一起晕船呕吐，一起看日出日落，彼此都结下了深情厚谊。谁能忘得了在繁星下的甲板上一起辨认星座？谁能忘得了在值夜班的午夜一起吃夜宵？谁又能忘得了一起聊天、一起开会、一起看电影、一起在甲板上散步、一起打乒乓球、一起为每一次成功深潜欢呼？终于还是到了要说再见的时候，指挥部召开总结会议，为首次深潜的人员颁发了深潜证书，之后大家合影留念，彼此送上祝福。

图 44　首次深潜的队友们获得首席科学家和潜航员共同签发的深潜证书（付毅飞摄）

7 “蛟龙”号的使命

2018 年以来，在国家重点研发计划的支持下，“蛟龙”号载人潜水器围绕深海活动热液区和超深渊区前沿科学问题开展了科学应用和性能优化。

科学应用的目的是尽快发挥“蛟龙”号载人潜水器独特的技术优势，解决深海前沿科学问题。性能优化主要围绕科学应用目标开展，坚持热液区和深渊海沟区等极端深海环境下作业能力拓展、安全冗余提高、经济实用型加强等几个原则，在已有经验和认识的基础上解决关键技术问题，服务于深海极端环境取样探测等载人深潜抵近勘查需要。

同时，自 2018 年以来，针对西南印度洋热液区和西北太平洋雅浦海沟、马里亚纳海沟等深渊区科考作业需要，“蛟龙”号载人深潜器在充分发挥自身技术优势、解决深海热液区与深渊海沟区重大科学问题的同时，结合科学需求进行性能优化，进一步提升了深潜器的取样作业能力、水下搜索定位能力和微地形地貌测绘能力，使其实用性、易维护性等综合性能迈上一个新台阶。

第四章

海洋与地球演化的秘密

我们现在能离开母星，

从外太空回望它，

然而我们的根，

我们的心，

仍在这里。

深海是一个神秘而未被充分探索的领域，让人充满好奇，渴望探索，本书前三章便是围绕认识海洋、探索海洋的主题进行探讨。在我们具备了海洋基本知识如“海与洋的区别”“内陆海和边缘海”，认识我国深海探测技术设备，跟随我一起搭乘“蛟龙”号了解下潜深海以及海上科考全过程后，我们还应该深入地思考人类与海洋的关系，了解地球母亲的起源和演化过程。最后，我们再将关注的目光投向人类自身，探讨海洋宝藏对人类的贡献，以及我们应该如何保护海洋。

现今的海洋是怎么形成的？它一直是这个形状的吗？46亿年沧海桑田的变化，它经历了怎样的过程？海底有着怎样的地貌与资源？在这一章里，我们将结合洋壳、陆壳的相互作用来了解海底深部作用过程。

要了解海底，首先要了解地球本身。

1 地球会一直是人类宜居的地方吗

人们常说："地球要被人类毁灭了，我们要好好保护地球。"

不，其实我们真正要好好保护的是自己的生存环境。地球已经存在46亿年了，它最初叫"混沌地球"，混混沌沌，没有天，没有地，组成地球的原始物质混杂在一起。后来逐渐有了分层，有了地核、地幔和地壳，又有了大气圈、水圈和生物圈，我们称为蓝色地球，其间经历了小行星撞击，冰冻地球，超级大陆聚合、裂解等多个演化阶段。

现今的地球，海洋约占表面积的71%，是一颗名副其实的蓝色星球。这颗蓝色星球会永远以现在这种模样存在吗？不，它还会演化，最终成为一个未知的地球，但那是很久很久以后的事情，这个时间以亿年计。那时人类可能已经冲出太阳系，移民宇宙了。

地球只是宇宙中的一个点，就跟我们晚上仰望星空（事实上白天也是满天繁星的，它们在各自的位置上俯瞰着地球，并没有变化，只是白天太阳光太强了，以至于我们肉眼看不到星星）时看到的星星一样。准确来说，它其实只是其中一个体积不算大的行星，属于太阳系。太阳是太阳系的恒星，拥有八大行星，近500个卫星和至少120万个小行星，还有一些矮行星和彗星。

地球有一个属于自己的天然卫星，那就是月球。在地球生物的眼中，月亮和太阳的大小是接近的，因此会出现日全食这类现象。事实上，月球的大小只有太阳的1/395左右，但它与地球的距离又正好是地球与太阳距离的1/395，所以使得它的可视大小几乎与太阳相同。

古代没有电，没有路灯，月亮在晚上起到了一定程度的照明作用，并带给古人无尽浪漫的遐想。“月出皎兮，佼人僚兮”“春风又绿江南岸，明月何时照我还？”“举杯邀明月，对影成三人”“明月松间照，清泉石上流”等。这些诗词最早的出现在两千多年前。对于人类文明来说，两三千年已经是漫长的时间单位了。但对于星际演化来说，这只是一瞬间。

45亿年前，地球受到忒伊亚小行星的撞击，把地球撞歪了，使得地球绕着太阳旋转的角度偏转了23.5°，于是产生了春、夏、秋、冬四季。撞击产生的碎片慢慢聚集形成月球，那时候地月距离很近，只有2.3万千米。

在地球上观察月球，月球是巨大的。如果我们穿越到那时候，是可以实现用月光照明来读书的。后来，月球以每年3.8厘米的速度远离地球，直至现在，二者间的距离达到了38.44万千米。大约再过70亿年后，地月距离达到55万千米，实现潮汐锁定之后，月球就不再继续远离地球。但是这一情况也可能不会出现，因为据估算，太阳在50亿年以后就会变成红巨星，吞没地球。那时候太阳系都不存在了。

不过，这些都是太久太久以后的事情了，我们还是先来回顾一下地球的演化。

问问
科学家

问：什么是潮汐锁定？

答：这是一个天体术语，指天体永远以同一面对着另一个天体。如月球永远以同一面对着地球，我们在地球上永远看不到月球的背面。潮汐锁定的天体绕自身的轴旋转一圈花的时间与它绕着“同伴”公转一圈的时间是相同的，因此这种同步自转导致天体以固定不变的一面对着“同伴”。

先有陆还是先有洋

岩石是地球历史的记录者，是探知地球演化奥秘的活化石。我国最古老的岩石是辽宁鞍山附近的花岗岩，大约形成于38亿年前。地球最古老的岩石形成于大约44亿年前，产自澳大利亚的杰克山。

岩石的年龄是怎么测定的呢？岩石里有一种矿物叫作锆石，主要化学成分是硅酸锆，它可以用来做U-Pb同位素分析。同位素的半衰期衰变计算，可以确定岩石形成的年龄。根据测算，最古老的锆石年龄高达44亿年，由此可知大陆形成已有44亿年，这时形成了有规模的大陆壳。

问题来了：已知大陆是44亿年前形成的，那么大洋是什么时候形成的？

这个问题至今都没有答案。因为现在的科学没有足够的证据证明到底是先有陆还是先有洋。大陆究竟如何形成还是一个谜，有待解答。目前有很多假说和证据，也都发表在世界顶级的杂志上，有兴趣的青少年朋友可以自己去查阅。期待大家能继续探索这一问题。

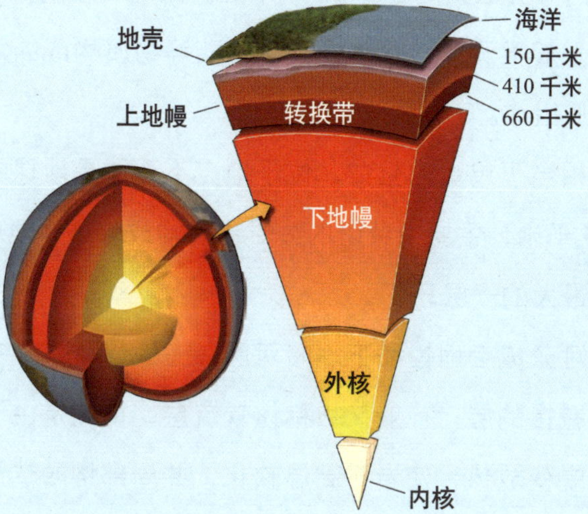

图 45 地球圈层结构（田原绘）

地球的圈层结构

虽然不知道地球上是先有陆还是先有洋，但它最终演化成了圈层结构（由地心至地表依次为地核、地幔和地壳）。这一圈层结构类似鸡蛋，由内而外有蛋黄、蛋白和蛋壳。圈层之间并不是隔绝的，而是相互运动的，比如深部的岩浆会向上喷涌，形成火山喷发；洋壳会向陆壳俯冲，进行深部物质能量交换、流通。

地核是地球的核心部分，位于地球的最内部，相当于鸡蛋的蛋黄。它的半径约有 3470 千米，主要由铁、镍元素组成，密度高，地核物质的平均密度大约为每立方厘米 10.7 克。地核温度非常高，为 4000℃ ~ 6800℃。地核的质量占整个地球质量的 31.5%，体积占整个地球体积的 16.2%。

根据地震波的变化情况，我们发现地核有外核、内核之分。内核和外核的分界面大约在 5155 千米处。因地震波的横波不能穿过外核，所以一般推测外核是由铁、镍、硅等物质构成的熔融态或近于液态的物质组成。

地幔相当于鸡蛋的蛋白，位于地壳下面，是地球的中间层，厚度约 2865 千米，主要由致密的造岩物质构成。这是地球内部体积最大、质量最大的一层。

地幔可分成上地幔和下地幔两层。上地幔上部存在一个地震波传播速度减慢的层，一般又被称为软流层，推测是由于放射性元素量集中，蜕变放热，使岩石高温软化，并局部熔融造成的，很可能是岩浆的发源地。软流层以上的地幔是岩石圈的组成部分。下地幔温度、压力和密度均增大，物质呈可塑性固态。

最外层的地壳就相当于鸡蛋壳了。这个地壳有多厚呢？它的平均厚度约 17 千米，其中大陆地壳厚度较大，平均约为 35 千米。高山、高原地区地壳更厚，最高可达 70 千米。

地壳又分为大洋地壳和大陆地壳。海洋下面的这个底就是大洋地壳。我们所在的大陆就是大陆地壳。大陆地壳主要集中在北半球。大洋底部跟大陆一样坑坑洼洼，也有绵延起伏的山脉和宽阔的海盆等。夏威夷群岛就是海底山脉中的一些山峰，最高的有 1 万多米，比陆地上的最高峰——珠穆朗玛峰还要高很多。

大陆地壳又可以分为下地壳和上地壳：下层是玄武质的，呈碱性，二氧化硅含量比较低；上层是花岗质的，呈酸性，二氧化硅含量高。

大陆地壳由岩石组成。岩石包括沉积岩、岩浆岩和变质岩三类。变质岩是指受到地球内部力量改造而成的新型岩石。沉积岩、岩浆岩和变质岩都可以再次经过变质。这些石头如果从地壳浅层“跑”到深处，比如10千米以下，再次发生变化，就不再是原来的结构，从而成为另一种矿物。变质岩记录的是地球表层岩石所发生的翻天覆地的变化，那是44亿年的沧海桑田。

和鸡蛋不一样的是，地球的圈层之间是相互运动的。地球内部有岩浆，有流体，有水在不断地运动、运移。海可以变成山，山可以变成海。构造运动会引发地震，甚至还可以让一整块大陆漂移到另一个地方去。各个大陆可以汇聚在一起形成超级大陆，也可以分崩离析，变成小的块体，于是分久必合，合久必分，分分合合，终于形成了现在的陆洋格局。其间地球表面的温度也忽冷忽热，曾经变成过冰冻星球，后来又解封，出现大规模的生命，生命又被多次灭绝，封存在化石里。

再过46亿年地球将何去何从

46亿年，地球从混沌地球演化成了蓝色星球，再过46亿年，它会演化成什么样的呢？

地球只是太阳系的一颗行星。行星是可以运动、围绕恒星转动的星球，通常被分为类地行星和类木行星两类。

类地行星与地球大同小异，就像地球的兄弟姐妹一样。比如，它们可能有核、有幔，还有外面的壳，成分也以硅酸盐为主。太阳系八大行星中的水星、金星、火星都是类地行星。类木行星则是一种气体大行星，就像宇宙中的气球一样，木星、土星就是典型的类木行星。

地球的大陆从一个核心（陆核）开始发展，随着时间的推移，慢慢发育成整块大陆。大陆也一直在变化，它曾经是一个大块，但现在分成了许多块，就像一块巨大的拼图。这些被称作板块，它们会不断地移动，最终形成了我们今天的大陆。不同的板块之间现在还在发生相对运动。

除了大陆的生长和变化外，地球的环境也在不断发生变化。地球在形成之初，没有氧气，但随着时间的推移，在一些特殊微生物的作用下产生了氧气，生物有了氧气可供呼吸，得以生存和演化。

地球将来会怎样发展？它的故事还在继续，需要我们不停地探索和研究。

可以说，地球演化的旅程是一路从热到冷的，如果有一天地球完全凉了，那么它就“死”了。地球在特别热的时候没有任何生物，等到温度合适的时候才开始出现生物；等到完全变凉，那就什么生物都不会存在了。

跟地球一样，月球也是分层的，包括月幔、月核和月壳。它跟地球也有很大差别，地球上有陆地和海洋，月球却不是这样。月球表面布满了大大小小的陨石坑，这些都是由太空中的小天体撞击形成的。“嫦娥五号”探测器从月球上带回了一些月壤样品，科学家们研究了这些月壤样品后，发现它们大约有 20 亿岁。这个发现终于破解了过去的一个谜题，因为在之前的研究中，人们认为月球在大约

31亿年前就停止演化了。月球没有大气，没有液态水，没有生命，没有能量，没有地震，没有岩浆，没有活动，在20亿年前便将内部能量消耗殆尽，成为一颗僵死的星球。

现在的地球正处于壮年期，有水，有氧气，有适宜的温度和磁场，万物生长，生机勃勃。但它必然会经历一个由生到死的历程，这是它的宿命，就像人类逃不过生老病死一样。那么地球究竟还能“活”多长时间呢？答案是大约50亿年。这个时间长短很大程度上取决于太阳。太阳像一个巨大的火球，一直燃烧着自身的氢气（核聚变将氢气转化为氦气），给地球提供了光和热，它大概还能持续稳定地发光发热50亿年。

2 海洋是生命起源的地方吗

恩格斯说："生命的起源必然是通过化学的途径实现的。"很多科学家也认可生命起源的化学进化观点，即在原始地球的条件下，无机物可以转变为有机物，有机物可以发展为生物大分子和多分子体系，直到进化出原始的生命体。

这些已有实验可以证明，那就是著名的米勒实验。1952年，美国芝加哥大学研究生米勒在其导师尤利的指导下完成了这个实验。

米勒假设在生命起源之初，大气层中只有氢气、氨气和水蒸气等物质，并没有氧气，当他把这些气体放入模拟的大气层中并通电引爆后，发现其中产生了一些蛋白质，而蛋白质是生命存在的形式。实验证明，人类很可能来源于一次化学反应，实现了从无机到有机的转换。

那用什么来证明生命曾经的存在以及演化历程呢？

答案就是化石。化石是解开生命演化奥秘的钥匙。生物死亡后，它们的遗体或遗迹在适当的条件下会保存在岩石之中，这些岩石就是化石。岩层就像一页一页的地质历史书，记录了生物的演化历史。

生命起源

大约35亿年前，地球开始孕育生命。原始生命就孕育在海洋中。最初的生命形式是低等的细菌和单细胞藻类。在地球早期的海洋中，生活着一种蓝藻。它能够进行光合作用，并且通过光合作用给海洋带来了氧。氧是其他生物产生和繁衍的基础。蓝藻的出现，对整个生物界的进化发展具有极其重要的意义。

藻类在生命活动过程中，将海水中的钙、镁碳酸盐及其碎屑颗粒黏结、沉淀，形成一种叫作叠层石的化石。迄今为止，我们发现了世界上最古老的叠层石，它来自澳大利亚西部。

地球一度进入叠层石时代。地球上的植物开始光合作用，于是地球环境开始改变。之后，地球迎来了“寒武纪生命大爆发”。最初的生命形式是一些原核生物，从原核生物进化到真核生物大约用了15亿年，又过了约3亿年，地球上才出现多细胞藻类。

随着真核生物的出现，动、植物开始分化和发展。动物的出现，形成了一个新的三极生态系统。绿色植物（真核植物和原核蓝藻）通过光合作用制造食物，是自然界的生产者；细菌和真菌是自然界的分解者；动物是自然界的消费者。

在生物发展史上，从前寒武纪到古生代的初期被称为“海洋无脊椎动物的时代”。这一时期是无脊椎动物的繁荣时期。到了寒武纪初期，大量动物爆发式地发展起来，在当时的海洋里，不仅有原生动物，还有后生动物中的各个门类。它们有的在水中漂浮，有的固着海底，有的在海底爬行，海底一派欣欣向荣的景象。

由于海水富含钙质，因此出现了最早具钙质硬壳的小壳动物群，包括软舌螺、单板类、腹足类、腕足类等，使得寒武纪保存的化石突然增多。

在寒武纪，无脊椎与脊椎动物开始分野，现代动物界 90% 的类别都可以在寒武纪动物群找到近亲。大约在 4.8 亿年前的奥陶纪，鱼类开始出现，并在泥盆纪（4.1 亿年前～ 3.6 亿年前）开始繁盛起来。

志留纪—泥盆纪又被称为“鱼类时代”。鱼类是脊椎动物中较低等的一类，但在当时却是地球上最高等的动物。随着志留纪（4.4 亿年前～ 4.1 亿年前）大规模海洋退化，地球表面陆地面积逐渐扩大，为生物登陆做好了准备。

大约 4 亿年前，生命从海洋走上陆地，最先完成登陆的是植物。在 4 亿年前的志留纪晚期，随着陆地的逐渐扩大、环境的不断变化，不少生存于滨海或浅海潮汐地带的藻类植物开始适应新的生活环境，慢慢向陆地发展，产生了以裸蕨植物为代表的陆生植物，成为陆地上真正的“拓荒者”。

走向陆地

裸蕨植物登上陆地后，地球开始出现勃勃生机。生物登陆之后，花了大约 2 亿年时间才完成对陆地的占领，地球上形成以陆生植物和脊椎动物占优势的陆上自然地理环境。约 4.1 亿年前～ 3.6 亿年前的泥盆纪，森林还只是存在于海滨，以裸蕨为主。

到了约 3.6 亿年前～ 2.9 亿年前的石炭纪，陆上植物已发展为多年乔木，高 20 ～ 30 米。到二叠纪晚期（2.9 亿年前），裸子植物占主导，松柏类和苏铁类繁荣起来，由于依靠花粉传播，森林开始向更广阔的内陆进军。

陆生植物发展之后，与植物存在密切关系的昆虫大量繁育，它们相互依存，相互制约，平行发展。

昆虫登陆后，脊椎动物也在做登陆准备，它们首先要解决呼吸和行动问题。总鳍鱼已具有原始肺的构造，肉质偶鳍可以在地上爬行，它们于晚泥盆世时登陆，是陆生脊椎动物的最早类型。发现于格陵兰和北美晚泥盆世的迷齿类鱼石螈是最早的两栖类代表，具有明显的从总鳍鱼类向两栖类过渡的中间类型性质，石炭纪到二叠纪是两栖类最鼎盛的时期，被称为“两栖动物时代”。

大约 2 亿年前，恐龙出现了。以恐龙为代表的爬行动物是中生代地球上占绝对优势的脊椎动物，所以中生代也被称为“爬行动物时代”或“龙的时代”。大约 6500 万年前，恐龙突然灭绝。不过，有不少科学家相信，恐龙并没有真正灭亡，而是进化成鸟类，换了一种形态仍然生活在地球上。

新生代（0.65 亿年以来）时期，被子植物繁盛发育，大量开花植物出现，地球变得缤纷多彩起来。大陆漂移、气候的分带和气候变化对各类生物的进化与生态环境的形成产生了深远的影响。

此时，翼龙类已经进化为鸟类，飞翔在大陆、岛屿、海洋上，它们的形貌与现代鸟类接近。植物的繁茂为昆虫、鸟类和哺乳动物提供了丰富的食物，哺乳动物得到了迅速繁衍，它们占有了爬行动物之前的各种生态领域，成为地球上新的统治者。鸟类和哺乳动物进化为恒温动物，繁衍方式也由卵生发展为胎生和哺乳，为灵长类动物的出现奠定了基础。新生代是生机勃勃的花鸟兽时代，动物和植物和谐地生活着。

约 5000 万年前，地球上开始进化出灵长类动物。灵长类动物快速演化，分化出高等灵长类动物，3000 万年前左右，出现最早的古猿，之后，埃及古猿、森林古猿、原康修尔猿相继或同时出现。再之后，出现两种过渡时期的古猿，一种是腊玛古猿，另一种是南方古猿。250 万年前，南方古猿的其中一支进化为能人。从旧石器时代开始，经过数十万年的演化，能人最终为直立人取代。

从可以使用工具的能人出现算起，“人类”一共进化了 250 万年，真正有文字记载的人类文明不过万年，而灵长类动物的出现，是在约 5000 万年前，此时地球已经演化了 45 亿年。历经漫长的演化，地球上终于出现了智慧生命。

3 大洋的一生

海洋虽然占地球表面积的71%左右，但它的平均深度只有3.668千米，和地球的平均半径6371千米比起来，不足千分之一。因此它的体积和地球比起来，不过是地球母亲的一滴泪。

如果我们能把海水抽干，就能看到海底下是洋壳，而大海也和陆地一样，既有山脉，也有盆地。由于洋壳和陆壳的相互作用，板块的漂移，因此古大洋逐渐消失，新大洋产生了。

海洋的形成并不是一蹴而就的事情，它有一个发生、发展、衰退、消失的演化过程。加拿大地质学家J.T.威尔逊按照大洋生命周期的次序，将大洋的演化分为6个阶段：胚胎期、幼年期、成年期、衰退期、终结期与遗迹期。所以我们把大洋从张开到闭合的整个过程命名为威尔逊旋回。

海洋是会“动”的

在了解威尔逊旋回之前，我们要先知道，不论是陆地还是海洋，它们都是会“动”的。

我们生活的陆地统称为陆壳，而海底则统称为洋壳，洋壳和陆壳加在一起就组成了地壳。地壳下面紧邻地幔，而位于地幔上部、与地壳直接接触的物质是一种半黏性状态缓慢流动的流体，称为软流层。地壳像冰川漂浮在海洋上一样漂浮在软流层上。当地壳因外力被撕裂时，地幔物质会上涌，从而形成洋壳。

威尔逊旋回的每个阶段在地球上都是同时发生的，并且都有相应的地质现象。知道了这些知识后，我们再来看看威尔逊旋回到底是怎么演化的吧。

海洋的发育和人类一样，都经历了一个从出生到长大，再慢慢衰老的过程。威尔逊旋回的每个阶段都对应了大洋发育的不同特点。

大洋发育的最早期，也就是威尔逊旋回的初始阶段，陆壳因拉张而被撕裂，在陆地上形成了一个大裂谷。但是此时陆壳并没有被完全撕裂，地幔物质也没有上涌，这时的大洋还未形成海洋环境，就像一个未出生的胎儿，被我们称为“胚胎期”。东非大裂谷就对应了威尔逊旋回中的“胚胎期”。

图 46 大陆裂谷张开（田原绘）

随着时间的推移，陆壳继续开裂，直到被完全撕裂。接着海水会涌入，地幔物质开始上涌，喷出地壳，随后冷凝成岩石，变成新的地壳。洋壳在海底源源不断地生成，形成了狭窄的海湾，“大洋宝宝”就此诞生。

虽然“大洋宝宝”已初具雏形，但因其规模较小，发育也不成熟，就像一个还未长大的小孩子，不能被称为真正的大洋，所以我们把这个阶段称为“幼年期”。黑海与里海就处于威尔逊旋回的幼年阶段，是两个刚刚出生的“大洋宝宝”。

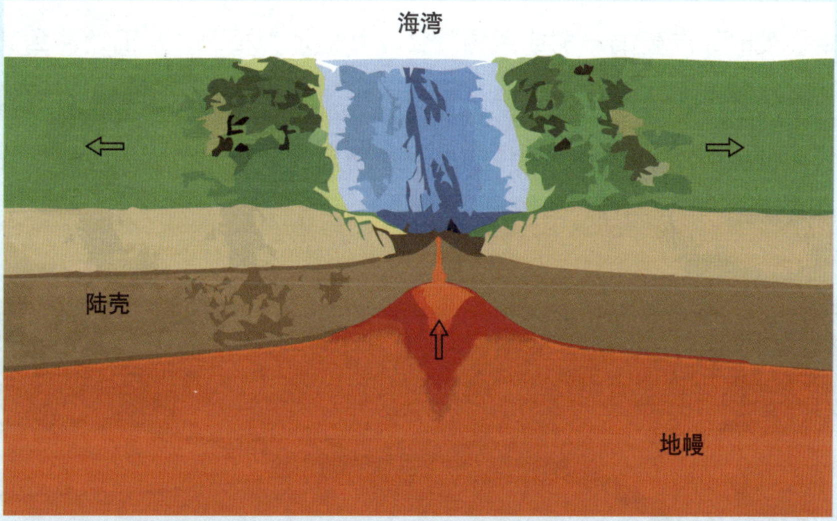

图 47　初始大洋形成（田原绘）

随着地幔物质不断上涌，海底洋壳源源不断地向两侧扩张，“大洋宝宝”不断长大，小海湾慢慢长大成为真正的大洋。而因洋壳两侧的扩张没有受到其他地壳的阻挡，刚刚“成年”的大洋充满活力，源源不断地向两侧扩张，大洋的面积也随之越来越大。大西洋就处于威尔逊旋回的成年期，扩展速率为 1 ～ 2 厘米 / 年。

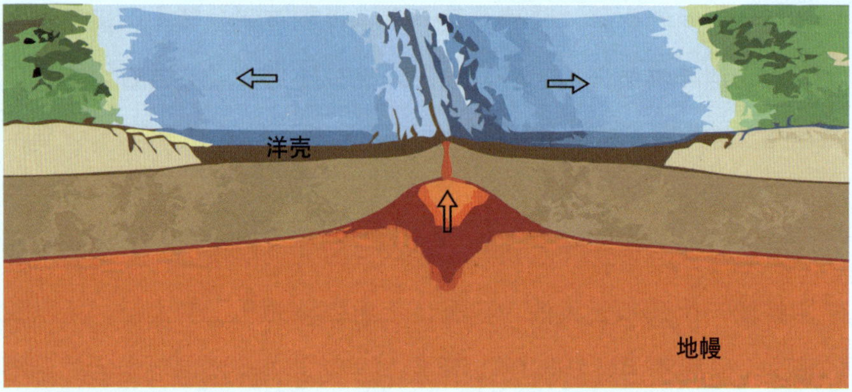

图 48　成熟大洋形成（田原绘）

但大洋的面积也不会无止境地一直增长，当海底洋壳扩张到一定程度时，洋壳的一侧或两侧就会与其他地壳相遇，从而俯冲到其他地壳之下。此时的大洋开始慢慢衰老，没有力气继续扩张。随着俯冲消减作用的开始，大洋的面积也随之慢慢减小。太平洋正处在威尔逊旋回的衰退期。

图 49　洋壳向陆壳俯冲（田原绘）

随着不断发展的消减作用，最终两侧的大陆会慢慢靠近，大洋进入终结期。这时的大洋就像一个风烛残年的老人，没有力气继续扩张，更没有力气阻止自己被压缩得越来越小的趋势，只残留了一个狭窄的海盆。欧洲的地中海就处在威尔逊旋回中的终结期，是古特提斯洋的残存。

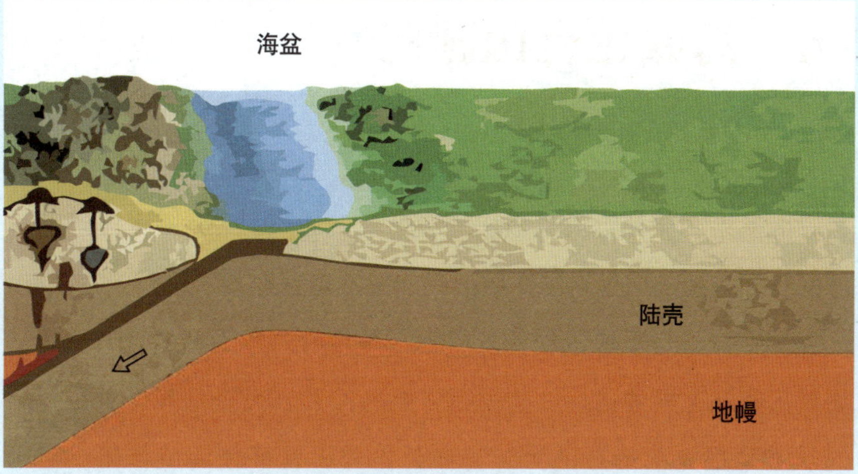

图 50 大洋面积变小直至消失（田原绘）

最终，两侧大陆直接碰撞，海域完全消失，大洋也结束了它的一生。由于两个大陆的相互挤压，会形成一条长长的山脉，这也成为大洋曾经存在的证据。

据地质考察证实，早在 20 亿年前，喜马拉雅山脉的广大地区是一片汪洋大海，称古地中海，最终印度板块与欧亚大陆板块碰撞，大洋消失，形成了现在的喜马拉雅山脉。

4 海底也有山脉吗

很多人可能都听说过板块构造学说，这一学说是在大陆漂移学说的基础上经过现代科学完善形成的主流地球科学学说。

洋中脊正是板块运动的发起地，是地幔对流上升的地方。地幔物质不断从这里涌出，冷却固结成新的玄武岩大洋地壳，以后涌出的热流又把先前形成的大洋壳向外推移，从而使海底扩张。正因如此，断层作用产生了裂谷，也出现了平行断层。因此，离大洋中脊愈远的岩石愈年老，而大洋中脊中央则是最年轻的新生地壳。

地球上最长的山脉在海里

陆地上最长的山脉是位于南美洲西部的安第斯山，长约 8900 千米，与我国明朝时期的长城长度相当。但它不是地球上最长的山脉，因为地球上的山脉除了分布在陆地，还分布在海洋。

地球上最长的山脉就隐匿在深海，要想从陆地上看到它，除非我们能把所有的海水抽干。深海里的山脉被称为“洋中脊”。

洋中脊到底有多长？全球五大洋中均有洋中脊分布，并且可以连成一串。如果我们从北极的海底出发，把加克洋脊、大西洋洋中脊、西南印度洋脊、东南印度洋脊、太平洋一南极洲洋脊和东太平洋海隆视为一条连续的山脉，这条山脉长约 60000 千米，差不多是安第斯山脉的 7 倍！令人叹为观止的远不止这些，这条山脉还发育有其他的分支，如中印度洋脊、智利洋脊、加拉帕戈斯洋脊等，确实是当之无愧的地球最长山脉。

洋中脊是如何形成的

在陆地上，山脉的形成大多是因为板块挤压碰撞。而在海洋深处，洋中脊的形成却与之相反，是因为拉张而形成的。洋中脊位于板块的扩张中心，其轴部两侧的板块受到拉力或推力的作用会向两侧移动，洋中脊下面的地幔上升发生熔融，生成岩浆。岩浆喷发冷却形成火山和熔岩，构成新的洋壳。

所有的洋壳都由洋中脊产生，为什么只有洋中脊附近的洋壳会上升形成山脉呢？

图 51　洋中脊的形成（田原绘）

这主要是由于普拉特重力均衡（密度补偿）作用，即地形高度与岩石密度成反比。在洋中脊轴部区域，地幔较热、密度较低，支撑洋壳处于高位；而远离洋脊的地方，岩石变冷，密度变大，逐渐下沉，这样便形成了洋中脊区的隆起部分，成为山脉。

洋中脊的山脉在不断演化，随着板块扩张，海底不断有新的山脉生成，而老的山脉在向两侧运动，逐渐下沉变矮，直到成为海盆。此消彼长，可见海底世界也不是一成不变的。

洋中脊的演化

虽然我们还不知道地球上第一条洋中脊出现于什么时候，但我们知道，洋中脊是有生命周期的，如同世界上的一切生命体，有新生，也有消亡。

在板块刚开始张裂时，板块可能发育大陆裂谷，如东非大裂谷，洋中脊尚未出现。然后随着扩张继续进行，新生的洋中脊开始慢慢出现，如今天的红海。洋中脊活动不断加强，扩张不断进行，洋中脊发育到了青壮年时期，如现今的大西洋洋中脊。

随着板块运动的持续，洋中脊可能会接近俯冲带，并开始逐渐消亡，如现今的东太平洋海隆。最终一条洋中脊可能完全消亡，从一个大洋中消失，如今天的地中海。

洋中脊的演化过程可能并非一帆风顺，常常会有“夭折”或是跃迁现象。一条原本活动的洋中脊可能会突然停止，也可能在停歇之后，又从附近区域开辟一条新生的洋中脊，于是它的生命便延续下去了。

洋中脊对于地球系统的意义

我们的地球是运动的系统，这一点从地震的发生便可知道。洋中脊既是地球系统不可或缺的部分，也是板块构造的关键要素之一。

洋壳在洋中脊中产生，洋中脊实现地球内外圈层间物质和能量的传递。它同俯冲带作用一起构成板块的循环，控制了固体地球的演化过程。

此外，在洋中脊区，科学家们还发现了大量的原始热液生物，这些生物与生命起源密切相关，因此推断洋中脊很可能是地球生命起源的摇篮。现代的科学研究认为，生命首先起源于洋中脊热液区，然后逐渐进化出鱼类，再进化出两栖动物、爬行动物、哺乳动物、南方古猿、现代智人。

问问科学家

问：什么是俯冲带？

答：俯冲带是地球上不同板块相遇的地方。我们可以把地球想象成一张拼图，这些拼图块是可以移动的。有时候，两块拼图块会相遇，在互相挤压的过程中，其中一块会下沉，进入另一块板块的下部。这个下沉的过程就叫作俯冲。

5 沧海变桑田

沧海桑田原指陆地可以变成海洋，海洋也可以变成陆地，比喻世事变化很大。

今天我们在喜马拉雅山上发现海洋生物的化石，也在海底发现人类活动的遗迹。为什么会存在这种“沧海桑田”的现象呢？这种现象的科学依据又是什么呢？

究其根本，这就是我们下面要讲的板块构造学说理论。一切要从1910年的一天说起，彼时，德国气象学家魏格纳躺在病床上，无意中被挂在墙上的世界地图吸引。魏格纳惊奇地发现，大西洋两岸的南美洲与非洲轮廓竟然可以完美贴合在一起。这难道是巧合吗？

一个大胆的想法在这位青年学者的脑海里萌生出来：南美洲大陆与非洲大陆会不会以前是一块完整的大陆？它们之间会不会并没有大西洋阻隔，后来因为某些原因大陆一分为二，形成了如今的海陆分布？

带着这些疑问，魏格纳在第二年便踏上了寻找证据的路。他亲自考察了大西洋与非洲沿岸，发现两侧海岸线上山脉褶皱出奇一致，分别属于不同大陆板块的非洲西部和南美洲东部的古老岩石区十分相似，而且二者之间的岩石结构、构造也彼此吻合；非洲南端的开普勒山脉的地层也与南美洲阿根廷首都附近山脉中的一致。这使得魏格纳更加坚定了心中的假设。

问问科学家

问：什么是岩石地层？

答：岩层指的是岩石形成的地层，一般指沉积岩。

在魏格纳萌生这个想法之前，就有古生物学家发现在远隔重洋的一些大陆之间，古生物面貌有着密切的亲缘关系。例如，中龙是一种小型爬行动物，生活在远古时期的陆地淡水中，它既可以在巴西石炭纪到二叠纪形成的地层中找到，也出现在南非的石炭纪、二叠纪的同类地层中。而迄今为止，人们在世界其他大陆上都未曾找到过这种动物化石。那么，淡水生活的中龙是如何游过由咸水组成的大西洋的呢？

更有趣的是，魏格纳还发现有一种蜗牛不仅生活在欧洲的英国、德国等地，而且在大洋彼岸的北美洲也发现了它们的踪迹。小小的蜗牛是怎么远渡重洋出现在大洋对岸的呢？

大地构造理论发展的三部曲

为解释这些现象，古生物学家曾提出过“陆桥说”，也就是在这些大洋中，曾经有狭长的陆地或一系列岛屿把遥远的大陆连接起来，物种通过陆桥长途跋涉，抵达别的大陆。后来这些陆桥沉没消失了，各大陆才被大洋完全分隔开来。

这种观点被称为“固定论”，即大陆与海洋是固定不动的。

这与魏格纳的想法相反，魏格纳坚信各大陆之间古生物面貌的相似性，并不是因为大陆之间曾有陆桥相连，而是由于这些大陆本来就是直接连在一起的，到后来才分裂漂移，各奔东西。

1912 年，魏格纳发表了一篇重要的学术论文，提出了“大陆漂移”学说，并且在 1915 年出版的专著《大陆与大洋的起源》中对此进行了发展和完善。

魏格纳认为，地球上所有大陆在中生代以前曾经是统一的巨大陆块，称为泛大陆或联合古陆，后来由于受到力的作用才不断分离，并漂移到现在的位置。但由于受当时科技水平和认识水平的限制，“大陆漂移”学说也未能正确说明大陆漂移的动力机制，未能提供大陆拼合的最佳方案。

“大陆漂移”学说所代表的“活动论”与传统主流思想“固定论”完全相反，因此魏格纳这一石破天惊的观点立刻震撼了当时的科学界。当时的主流学者认为魏格纳作为一个气象学家，提出这样一种具有革命性质的地质学假说很难让人信服，并且拒绝他参加相关的学术会议。虽然一开始魏格纳处于孤军奋战的阶段，但他的观点后来渐渐被一些学者所接受，他的假说就像一簇火苗，点燃了科学家们讨论这一问题的热情。

随后在20世纪60年代初，美国科学家赫斯提出了“海底扩张”学说，并得到古地磁学、地球年代学、海洋地质学和地球物理等方面一系列新证据的支持。

1968年，剑桥大学的麦肯齐和派克、普林斯顿大学的摩根和拉蒙特观测所的勒皮雄等在“大陆漂移”学说和“海底扩张”学说的基础上，又根据大量的海洋地质、地球物理、海底地貌等资料，经过综合分析而联合提出了“板块构造”学说。因此有人把这三大学说称为全球大地构造理论发展的三部曲。

6 洋中脊之外的海底地形地貌

在深不可测的海底，除了有洋中脊这样巨大的海岭，还有深邃的海沟、平坦宽阔的海底平原和蜿蜒曲折的海底峡谷等。

海盆

海盆在海洋学上可以指被海水覆盖的所有地方，但在地质学上，海盆则是指位于海底的盆地，它的水深比起周围地区深。

海底山

海底山是从海底地面高耸但仍未突出海平面的山，所以不能算是岛。典型的海底山由死火山形成，由 1000 ~ 4000 米的海底突出。

海洋学家定义海底山的独立特征为至少在海底地面升高 1000 米。海底山顶通常在海平面下几百至几千米，所以它们被算作深海。全球估计有 3 万座海底山，但只有少数海底山得到科学家关注和研究。

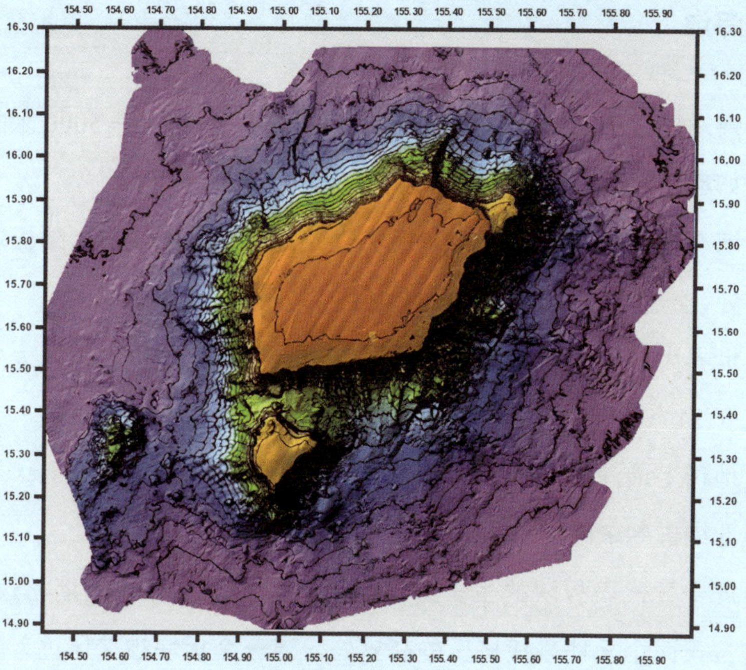

图 52　采薇海山和采杞地形区（上面大的是采薇海山，下面小的是采杞海山）(田原绘)

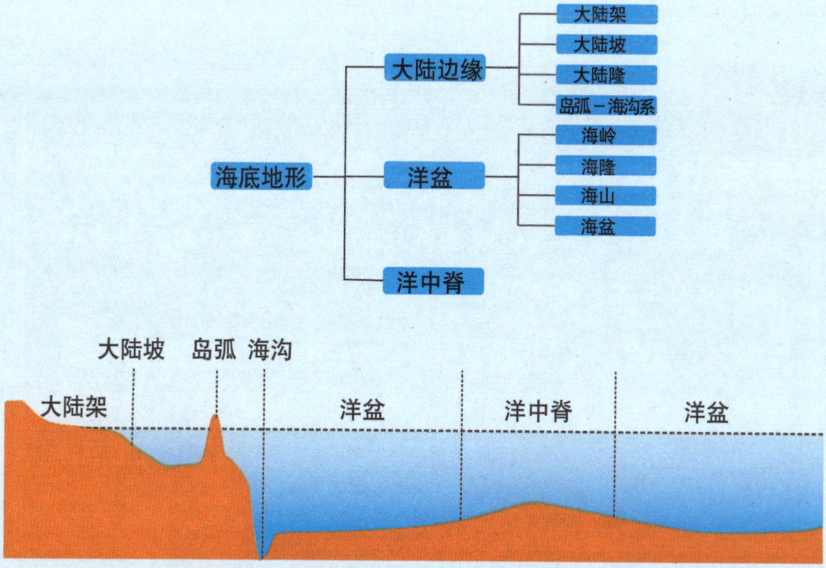

图 53　海底地形简图（田原绘）

海沟

海沟是位于海洋中的两壁较陡、狭长的、水深大于 5000 米的沟槽，如毛里求斯海沟（5564 米）。

海沟多分布于活动的海洋板块边缘，在海洋板块与大陆板块的交界处，一般认为它是地球板块相互挤压形成的。

世界大洋中约有 30 条海沟，其中主要的有 17 条，属于太平洋的就有 14 条，环太平洋的地震带也都位于海沟附近。

地球上最深也最知名的海沟是马里亚纳海沟，它位于西太平洋马里亚纳群岛东南侧，深度大约 11034 米。

洋中脊代表板块的生长边界，而海沟出现在板块的消亡边界。海沟位于两个板块碰撞挤压的交界处，当一个板块被挤压进入另一个板块下面时，上面的板块会在两个板块交界处向下弯曲，从而形成很深的海沟。

问问科学家

问：为什么海沟出现在板块的消亡边界，而不是出现在板块的生长边界呢？

答：只有在两个板块之间有俯冲作用时，也就是说一个大洋板块俯冲到大陆板块之下时，才会形成海沟，这时板块开始消亡；而板块的生长意味着新的洋壳产生，是岩浆上涌形成洋壳，产生洋中脊。

海岸带

海岸带是指现在海陆之间相互作用的地带，也就是每天受潮汐涨落海水影响的潮间带及其两侧一定范围的陆地和浅海的海陆过渡地带。

海岸线是陆地和海洋的分界线。由于潮位变化和风引起的增水—减水作用，海岸线是变动的，水位升高便被淹没、水位降低便露出的狭长地带即海岸带。

海岛

在地质学上，海岛指散布于海洋中面积不小于500平方米的小块陆地。中国有500平方米以上的海岛6500多个，总面积6600多平方千米。

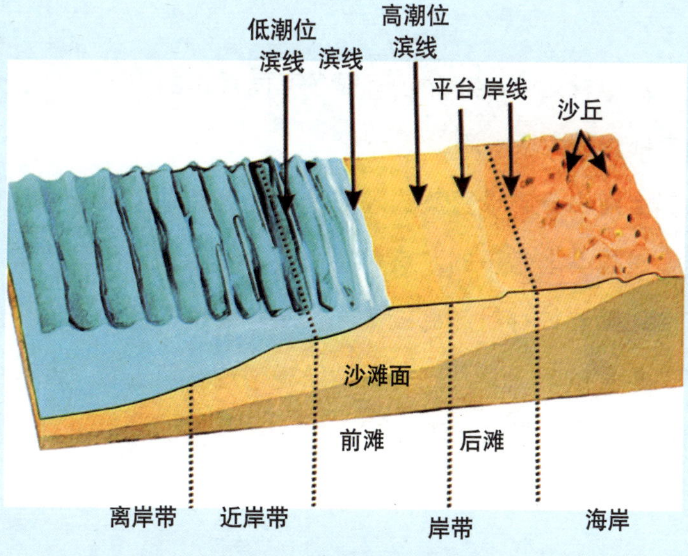

图54 海岸带示意（田原绘）

中国海岛中有94%的岛属于无居民海岛，它们大多面积狭小，地域结构简单，环境相对封闭，生态系统构成也较为单一，而且生物多样性指数小，稳定性差。

海湾与海滩

海湾是一片三面环陆的海洋。海湾是人类从事海洋经济活动及发展旅游业的重要基地。世界上大小海湾很多，主要分布于北美、欧洲和亚洲沿岸，其中较大的有240多个。有些海湾实质上是海，如北大西洋的墨西哥湾、印度洋的孟加拉湾和波斯湾等。

海滩是由海水搬运积聚的沉积物——沙或石砾堆积而形成的岸，可依沙的粗细分为砾（石）滩、沙滩和细沙滩。

海山

除了洋中脊之外，海底还有很多不同规模的海山，它们分布在板块的内部，称为板内海山。

世界上海山分布最密集的区域是哪里呢？是太平洋，尤其是西太平洋，这里有非常多的“热点”和板内海山。这些星罗棋布的海山，其主体的岩性都是洋岛玄武岩，高差大小不等。一部分海山上还分布有丰富的矿产资源——富钴结壳，这在第五章“海洋的探索者和保护者”中会详细介绍。

第五章

海洋的探索者和保护者

海底那些丑陋的岩石，

在我眼里，

比人世间一切珍宝更珍贵，

它记录着地球往事，

是地球凝固的血液。

经常有人问我海洋地质学家的主要工作是什么，我想过好几种答案。

地球是一个大厨房，烹制了各种各样的美味，这些美丽的矿物就是它的菜品，是不同火候、不同成分的佳肴，地质科学家的工作之一就是了解这些“美味”的制作过程。

地球的演化史是一首46亿年的地球生命之歌，拥有荡气回肠的美妙旋律，地质科学家的工作之一就是了解组成这些旋律的音符。

地质科学家的工作也像是在给地球做“体检”，岩浆就是地球的血液，采集岩石就是采集血样，通过分析岩石成分来了解地球深部“血液”的“白细胞”、“红细胞”。

学地质的人经常自嘲说：“在陆地上，地质学家跑野外时，远看像是要饭的，近看像是勘探的。”听到这样的自嘲，我就很想对在陆地上搞地质的朋友们说：“来海上吧！到了海上，我们就摇身一变，从‘要饭的’变成中国大洋科考队、中国南极科考队，‘豪华游轮纯玩团’，包吃包住还有补贴，绝对不强制消费，因为没有地方花钱。让我们一起去海底挖矿吧！”

看到“去海底挖矿”这几个字，青少年读者们一定会很好奇，大海深处真的富藏矿产吗？科学家怎样才能找到矿产？又怎样大规模地开采呢？毕竟前面讲到我乘“蛟龙”号下潜去海山时，历尽千辛万苦，也只能带回来那么可怜的一丁点。

1 在海底山脉探寻矿藏

在距离大洋洋底 2000 ~ 3000 米处，有一条巨龙一样蜿蜒的巨大山脉，它就是洋中脊。在不同的大洋，洋中脊的形态是不一样的：在太平洋，它的位置偏东，称为东太平洋海隆；在大西洋，洋中脊呈 S 形，与两岸近于平行，向北可以延伸到北冰洋；在印度洋，洋中脊分为 3 支，分别为西南印度洋脊、西北印度洋脊和中印度洋脊，呈“入”字形。

海底除了洋中脊之外，还有很多不同规模的海山，它们分布在板块的内部，称为板内海山。它们有的呈链状，有的分布并不规则。链状海山中最著名的要数夏威夷一皇帝海山链，它有 6000 千米长，而且年龄呈线性分布，也就是说海山的年龄是由老到新逐渐变化的。

发现链状火山岛屿

英国博物学家达尔文在 1837 年第一次注意到洋岛常常呈链状存在。之后，美国地质学家达纳在 1849 年发现这些火山链只有一端是活跃的，另一端逐渐被侵蚀、变老，他认为夏威夷群岛西部存在被淹没的岛屿。1946 年，美国海洋地质学家赫斯发现了这些岛屿。

1963 年，加拿大地质学家 J.T. 威尔逊根据太平洋、大西洋、印度洋中一些火山岛屿和海山具有线状分布特征以及喷发年龄顺序变化的现象，提出了“热点”假说。他认为这些“热点”相对静止，所以当岩石圈板块漂移经过这些“热点”时就形成了链状火山岛屿。

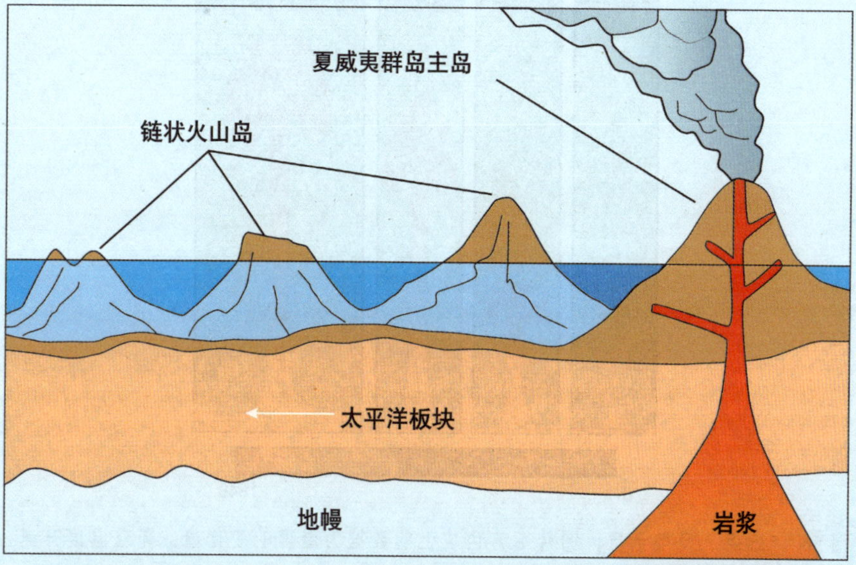

图 55　夏威夷群岛简图（田原绘）

夏威夷—皇帝海山链作为“热点”假说存在的重要证据，以其完美的曲线被认为指示了太平洋板块的绝对运动方向。

那“热点”是什么呢？我们可以把它想象成地球内部比较热的物质，这种热的物质是上升的。大家可以把它想象成火苗，把地球的表层想象成一块木板，当木板在火苗上方缓慢移动的时候，木板会被烧出一个个的洞，这时候下方如果有物质填充进来的话，就会形成一个个小山包，海山就是由地球内部热的岩浆喷涌到海水中冷却形成的。

除了呈链状的大型海山链之外，也有许多不规则的小型海山，它们的具体成因还有待科学家们进一步研究。

在洋中脊和海山上，分布着两种资源：多金属硫化物和铁锰结壳。

图 56 “热点”模型示意，图片下方色块上的数据为温度的变化值，随着温度升高，颜色会变深（田原绘）

洋中脊里的多金属硫化物

多金属硫化物，也称热液硫化物，是一种由海底火山活动与热液活动产生的金属硫化物矿，含有铜、锌、铅、金、银等多种重要金属元素，主要出现在大洋中脊和断裂活动带上。

海水流入地壳的裂隙时，会遇到地下热的岩浆，受到这些高温物质的影响，它会变成热液。热液会溶解周围的岩石和矿物，就像糖溶解在水里一样，周围岩石中的金、银、铜、铁、锌和铅等金属大量进入热液，随热液从地下涌出。当热液喷出海底时，遇到了冷海水，经过一系列化学反应使金属重新析出，形成多金属硫化物矿床。

图 57 多金属硫化物样品

海底的“黑烟囱”

试想一下，在幽深的海底，突然喷发出黑色物质会是怎样的奇观？人们将这一奇观称为海底“黑烟囱”，如同烟囱冒出滚滚浓烟，事实上它是海底热液在喷发。

“黑烟囱”为什么是黑色的呢？热液原本是无色透明的，但是，由于这些热液富含铜、铁、硫、锌，还有少量的铅、银、金、钴等金属，当热液与冰冷的海水混合后，它们就会通过反应变成黑色的金属硫化物溶液。不过，“黑烟囱”里喷发出来的金属硫化物往上蹿

图 58 海底热液“黑烟囱”

不了多高，就会像天女散花般地从“烟柱”顶端四散落下，凝结沉积后形成类似烟囱形状的矿物堆。

一般来说，一个“黑烟囱”从喷发到“死亡”只有十几年到几十年，然而其生长速度却非常快，可达 30 厘米 / 天。因此，“黑烟囱”可以在短时间内形成百万吨级别的硫化物矿床。

与传统矿产资源相比，海底热液“黑烟囱”有很多独特的优势。首先，它们富含稀有金属，这些金属通常在传统矿产资源中较为稀缺，在高科技和绿色技术中扮演着关键角色。其次，“黑烟囱”矿床的更新速度相对较快，这意味着它们可以在相对短的时间内提供宝贵的金属资源。最重要的是，“黑烟囱”矿床几乎没有杂质，只需经过一些简单的处理就可以轻松地提取出有用的金属，使其成为极具价值的资源。

黑暗海底的生物

海底世界里除了矿产资源，还有巨大的生物资源。在这些炽热的热液硫化物形成的“黑烟囱”周围活跃着一个崭新的生物群落——热水生物，比如长达 3 米而没有消化器官、全靠硫细菌提供营养的多管蠕虫，以及特殊的瓣鳃类、螃蟹等节肢类。

这个生活在“水深火热”之中的生物群落，充分说明了地球上不仅有“有光食物链”——生物在常温和有光的环境下通过光合作用生产有机质，还存在“黑暗食物链”——生物依靠地球内源能量即地热支持，在深海黑暗和高温高压的环境下，通过化合作用生产有机质，从而构成了繁荣的深海生物圈。换言之，因为在海洋深处，阳光无法照射到那里，它们不能依靠光合作用来合成生命物质，只能通过自身的化学反应合成生命物质来生存。

图 59　热液喷口周边的生物群落

海底热液矿床

据估算，海底热液多金属硫化物矿床约为 1000 个，其中有多处热液点的预测资源量达到百万吨级以上，总资源量约为 6×10^8 吨，铜、锌、铅金属含量约为 3×10^7 吨。①

2007 年，中国在西南印度洋中脊发现了首个活动的热液喷口——龙旂热液喷口。这也是国际上首次在超慢速扩张洋中脊发现活动的热液喷口，具有重要科学意义。

2011 年，中国与国际海底管理局签订了国际海底多金属硫化物矿区勘探合同，合同矿区位于西南印度洋中脊，面积 1 万平方千米，中国在该区具有专属勘探权。

① 张海桃：全球现代海底块状硫化物矿床资源量估计，2014。

海山上的铁锰结壳

与洋中脊的“黑烟囱”不同，海山上的矿产资源主要为铁锰结壳。铁锰结壳是生长在海底岩石或岩屑表面的皮壳状铁锰氧化物和氢氧化物，富含锰、钴、铂、稀土等金属元素，因钴含量是多金属结核的3倍左右，又名富钴结壳。

铁锰结壳矿床遍布全球海洋，其分布面积之广、储藏量之丰富以太平洋为最，特别是西太平洋。这儿的海山多，结壳品位较高。铁锰结壳主要产在水深800～3000米的海山和海台顶部与斜面上，其赖以生长的基质有玄武岩、玻璃质碎屑玄武岩及蒙脱石岩。由于铁锰结壳大多由海水中的金属物质缓慢沉积形成，其生长速率很慢，约为27～48毫米/百万年。铁锰结壳矿床在太平洋天皇海岭、中太平洋海山群、马绍尔群岛海岭、夏威夷海岭、麦哲伦海山、吉尔伯特海岭、莱恩群岛海岭、马克萨斯海台等都有发现，其资源远景巨大。

铁锰结壳中金属钴含量可高达2%，是陆地最著名的含钴矿床中非含铜硫化物矿床的20倍。其贵金属铂含量也相当于地球上地壳含铂量的80倍。

据不完全统计，太平洋西部海山区铁锰结壳矿床的潜在资源量达10亿吨，钴含量达数百万吨，经济总价值已超过1000亿美元。

2014年4月，中国大洋协会与国际海底管理局正式签订了国际海底铁锰结壳矿区勘探合同，在国际海底区域获得了3000平方千米具有专属勘探权的铁锰结壳矿区。矿区位于铁锰结壳资源分布最为富集的西太平洋海山区域，由150个20平方千米的区块构成。

为了保护海山上的生态环境，开采前需要对海山生物群落的性质进行更多研究，以便积累可靠的依据，也需要就结壳勘探和采矿造成的环境问题提出建议。

图 60　大块的富钴结壳样品

位于同一深度的两座海山可能有完全不同的生物组成。2013 年 9 月，我们在搭乘“蛟龙”号对我国富钴结壳勘探合同区的采薇海山进行调查时，就采集到多种以前从来没有获得过的生物，如寄居蟹、玻璃海绵等物种。这都需要我们进一步调查研究，以便在开采时更好地保护这些海山上的生物群落。

图 61　富钴结壳样品

2 在深海盆地探寻矿藏

在波涛汹涌的海面之下，其实也有着和陆地上一样的地形地貌单元。海底地形地貌可以分为大陆边缘、大洋盆地和大洋中脊三类，每类又可以分为次一级的地形单元。大洋盆地被海岭等海底高地形分割成许多次级的深海盆地，盆地底部发育出深海平原、深海丘陵等地形。其中，深海平原的坡度一般小于0.001，是地球上最平坦的地区。

俗话说："百川归大海，矿物聚海盆。"如今，深海盆地中已有两种矿产资源引起人类的关注，它们分别是多金属结核和富稀土软泥。

深海盆地中的多金属结核

多金属结核是深海盆地中一种重要的海底矿产资源。1872～1876年，英国"挑战者"号考察船环球考察时，在摩洛哥的法罗岛西南海底首次采集到多金属结核。在随后的调查中，人们发现世界大多数海洋普遍分布着多金属结核。但是由于技术手段的限制，到了20世纪60年代才开始进行大规模的多金属结核调查。

多金属结核又称锰结核，呈黑色或者黑褐色，存在于不同的水深，但在 400 ~ 6000 米水深的海底最为丰富。多金属结核看起来黑乎乎的，不那么招人喜爱，但它富含锰、铁、钴、镍、铜等有用的金属元素，具有潜在的经济价值，从而备受人类关注。

多金属结核主要以暴露状或者半埋藏状出现在海底沉积物中，但也有一些结核被沉积物埋藏，其大小一般为几厘米到十几厘米。科学家们根据结核大小将其分为大、中、小三类，其中，中型结核在海底分布最多。

除了按大小分类，科学家们还根据结核的形状特征对其分类，主要有球状、椭球状、板状、不规则状、连生体状、菜花状、盘状等。这一分类法非常形象，比如连生体状（见图 62A），就是两个或者两个以上的结核粘在一起了，像双胞胎或者多胞胎；而菜花状（见图 62B）长得就像我们吃的花椰菜。结核表面有的光滑，有的粗糙，主要与其形成环境有关。

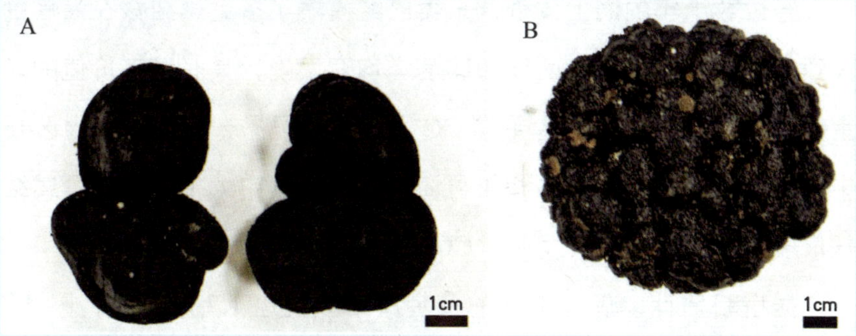

图 62　典型的多金属结核形状（A 为连生体状；B 为菜花状　杨克红摄）

结核由核心和壳层两部分组成。结核的核心主要是岩石碎屑、矿物、生物遗体（如鱼牙骨刺）、陨石等，壳层主要由铁、锰氧化物和氢氧化物组成。此外，这其中也混杂了一些硅酸岩矿物。

对海底多金属结核的调查主要是采用海底摄像、视像、箱式、拖网等方式进行的。其中，海底摄像和视像数据可以清楚地显示结核在海底的分布特征，箱式和拖网等可以获得结核实物，从而为结核的各种岩石学、地球化学分析等提供样品。

如今，虽然我们已经对多金属结核有了较多的认识，但还有一些科学问题存在争议。比如，科学家们对结核的成因还众说纷纭，主要的观点认为结核由水成作用或成岩作用形成，也就是说，形成结核的物质来源主要是海水中溶解物质的沉淀和地壳中的岩石。也有人认为热液作用和生物作用造成了结核的形成。这些问题都有待新一代年轻的科学家去探索和解决。但不管是什么成因，结核的生长都非常缓慢，生长 1 厘米都要数百万年呢！

为什么我们要去开采多金属结核

经过数十年的海上调查，人类已经摸清了多金属结核在海底的大致分布，太平洋、大西洋和印度洋均有发现，具有经济价值的多金属结核主要分布在东太平洋 CC 区（克拉里昂—克里帕顿地区）、中印度洋海盆、库克群岛和秘鲁海盆等地。其中太平洋的多金属结核最多，主要分布在东太平洋 CC 区。

据粗略估计，仅太平洋的多金属结核就达 1.7 万亿吨。因此，对海底多金属结核的开发和利用具有广阔的前景，可以造福全人类。

问问
科学家

1. 问：什么是CC区？

答：CC区指的是东太平洋海底的两条断裂带之间的区域，这两条断裂带即克拉里昂（Clarion）断裂带和克里帕顿（Clipperton）断裂带。

2. 问：开采的海底多金属结核可以运用到哪些领域？怎样造福全人类呢？

答：太平洋的多金属结核估计有1.7万亿吨，这个数字大得让人难以置信。这意味着海底有着巨大的宝藏，尤其是钴，足够全球使用30万年以上！这些结核中还有许多其他重要的金属，如锰、铜和镍，它们对于现代化工、电子、新能源、机械、钢铁和交通运输等行业至关重要。所以，海底的这些宝藏对未来的世界发展具有巨大的潜力。

我国自20世纪80年代中期开始对海底多金属结核开展调查。经过多个航次的调查之后，1990年，中国大洋矿产资源研究开发协会向联合国国际海底管理局提出了我国的多金属结核申请区，1991年3月获得批准，成为继法、日、苏联和印度之后第五个先驱投资者。

这些多金属结核合同区都是未来多金属结核开采的矿区，但结核的开采利用目前还处在研究、探索、评估阶段。2018年9月，我国首次成功开展500米级水深海底多金属结核集矿系统试验，标志着我国深海采矿系统研发由陆上试验全面转入海上试验。

陆地资源的紧缺性、海底采矿技术的发展和多金属结核的开采对海洋环境的影响都是决定多金属结核开采利用的重要因素。通过不断探索和试验，我们期待着多金属结核早日成为人类可以开发利用的财富。

富稀土软泥

稀土是化学元素周期表中镧系和钪、钇共 17 种元素的总称。由于受分离技术的限制，最早只能用化学法制得少量不溶于水的氧化物，因此人们习惯于把这种氧化物称为“土”，并起名为稀土。

人类在研究海底多金属结核和富钴结壳时发现这两种矿产资源中蕴含着丰富的稀土元素。国际海底管理局已经组织秘书处完成国际海底富钴结壳和多金属结核地域中稀土元素等级与储量的技术报告，结果令人乐观，为未来稀土开采奠定了基础。

此外，人类经过调查后在深海中还发现了一种新型的矿产资源——富稀土软泥。但在全世界范围内，富钴结壳和多金属结核的稀土含量普遍高于富稀土软泥，而富钴结壳的稀土含量又普遍高于多金属结核。

经过近几年的调查，在太平洋和印度洋的深海盆地中均发现了大量富含稀土的深海沉积物，主要的沉积物类型有多金属软泥、沸石黏土和远洋黏土。

根据沉积物中稀土元素的配分模式、铈元素异常以及轻重稀土元素的分馏特征，稀土元素的富集机制已有比较清晰的认识，认为多金属软泥中的稀土元素多赋存于与海底热液作用有关的铁锰氧化物和氢氧化物中，而沸石黏土和远洋黏土中稀土元素的富集则与磷酸盐的混入密切相关，其稀土元素主要存在于与磷灰石成分相当的生物鱼骨屑中。

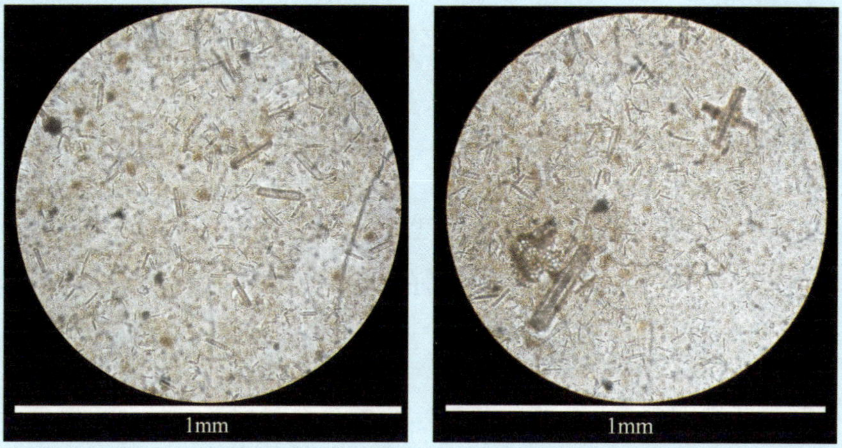

图 63　西太平洋富含稀土的深海沉积物涂片（董彦辉摄）

稀土元素可广泛应用于传统工业、航天航空、军事、新能源及其他高新产业和环保领域，是一种极为重要的战略资源。目前，陆地上的稀土资源日益紧缺，而深海蕴藏着资源量巨大的稀土矿产，据估算，可供人类持续使用几百年。

深海稀土资源受到了世界各国的巨大关注。近年来，日本持续开展深海沉积物稀土资源的调查和研究，同时对开采设备进行了研发。此外，美国、俄罗斯、德国、法国、印度、英国、挪威等国家纷纷开始关注深海稀土资源。我国也不甘示弱，从 2012 年开始进行深海沉积物稀土资源的调查和研究，经过几年的调查后，在中、西太平洋分别圈定了两个稀土资源远景区。

3 在滨海探寻矿藏

除了深海的宝藏，滨海资源也是大自然的礼物。这些宝藏分布在沿海地带，包括各种生物、海洋油气、天然气水合物和珍贵的砂矿。它们与我们的生活紧密相关。比如，海洋油气和天然气水合物是我们能源的宝库，驱动着电力、交通等方方面面的运转；砂矿是建设的魔法材料，支撑着水泥和玻璃的制作。因此，合理开发和保护这些资源，不仅关乎我们的未来，也关乎地球资源的可持续发展。

油气资源

地球上的石油到底还能供人类使用多久？这是一个有争议的问题。保守观点认为地球上的石油仅够使用三四十年，乐观来看也仅有一二百年，并且全球石油的需求量在逐年上升，因此海洋油气资源的勘探开发尤为重要。

全球海洋油气资源非常丰富。据估计，海洋石油资源量约占全球石油资源总量的34%，探明储量约400亿吨。海洋天然气资源量约46.6万亿立方米，占全球天然气资源总量的31%，探明储量约26万亿立方米。

据美国地质调查局（USGS）评估，世界（不含美国）海洋待发现石油资源量（含凝析油）548亿吨，待发现天然气资源量78.5万亿立方米，分别占世界待发现资源量的47%和46%。

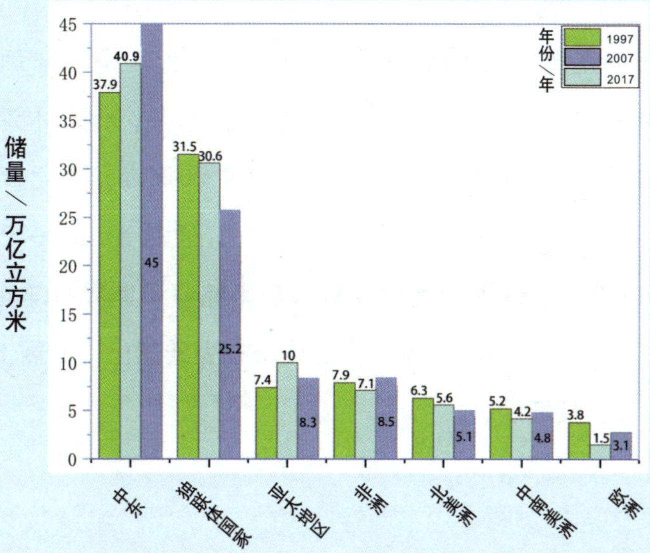

图64 全球天然气探明储量示意（资源来源：2018年BP世界能源统计年鉴)(王政刚绘)

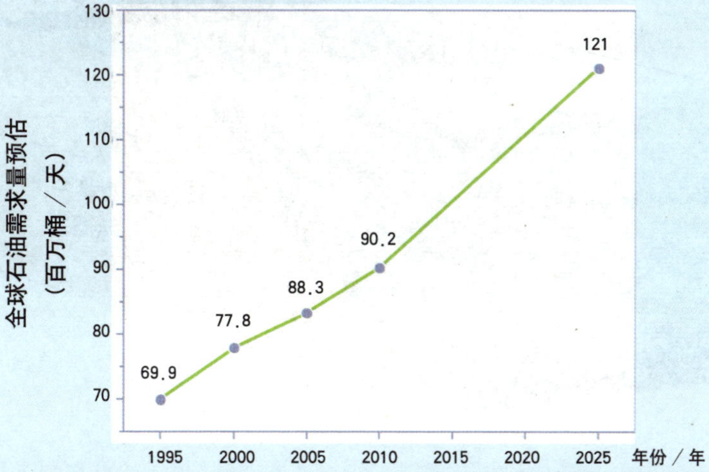

图65 全球油气需求量预测（单位：百万桶／天）（资源来源：Lee, G., & Stokes, J. (2006). Marine science: an illustrated guide to science.)（王政刚绘）

海洋油气资源分布

世界海洋油气资源主要分布在两个地理区域：大陆架区和深水陆坡区。

大陆架是陆地延伸到海洋中的部分，通常是在陆地边缘向海洋延伸的平坦区域。这个区域通常位于水下，但其水深相对较浅，通常不深于200米。大陆坡是大陆架和深海盆地之间的斜坡状区域。这个区域的水深开始急剧增加，通常在100～200米到1500～3500米。这两个地理区域加起来储藏了世界海洋油气资源的大部分，其中大约有60%的资源分布在大陆架区，而剩下的约占40%，分布在陆坡区。

图66 中国重点海域油气分布（资源来源：中国海洋油气资源报告）（王政刚绘）

我国的海洋油气资源

我国管辖海域面积 300 万平方千米，沿海有广阔的大陆架，包括渤海、黄海的全部，东海的大部和南海的近岸地带。这些区域分布着许多中—新生代沉积盆地，估计油气储藏量可达数百亿吨，很有希望成为未来的“石油之海”。

我国近海已发现的大型含油气盆地分别是渤海盆地、南黄海盆地、东海盆地、台湾浅滩盆地、南海北部湾盆地、珠江口盆地、南海的莺歌海盆地、东沙盆地和万安滩盆地。根据我国勘探成果预测，在渤海、黄海、东海及南海北部大陆架海域，石油资源量就达到 275.3 亿吨，天然气资源量达到 10.6 万亿立方米。

问问科学家

1. 问：什么是油气资源？

答：油气就是一种混合了碳和氢的东西（碳氢化合物），我们可以把它们想象成一种特殊的燃料。在大自然中，它们以不同的形式存在：一种是液体的，叫石油；另一种是气体的，叫天然气。海洋油气资源是指包含这两种特殊燃料的资源，是在很久很久以前的地质过程中形成的，具有非常重要的经济意义。

2. 问：石油是怎么形成的呢？

答：关于石油的形成，现在有一个普遍认可的理论，叫作“有机生油说”。

这个理论告诉我们，很久以前，当江河带来大量的泥沙积聚在海底或湖泊底部时，一些生物的遗体也被埋葬在泥沙中。这些生物的遗体随着时间推移会逐渐分解，使泥沙变得富含有机物。随着泥沙的层层堆积，温度和压力逐渐增加。此外，细菌、催化剂和放射性物质也在这个过程中发挥了作用。这些因素一起作用，使那些有机物逐渐变成了石油的原料（各种碳氢化合物的混合物）。

这种原始的石油和天然气是混合在一起的，而且是液体状态。它们会向那些有很多小孔和裂缝的岩石中流动。只要有足够的原油和天然气、有适合储存的岩石和能够保持它们不流失的盖层，经过漫长的岁月后，就可以形成石油和天然气的储藏地，也就是我们所说的“油气藏”。

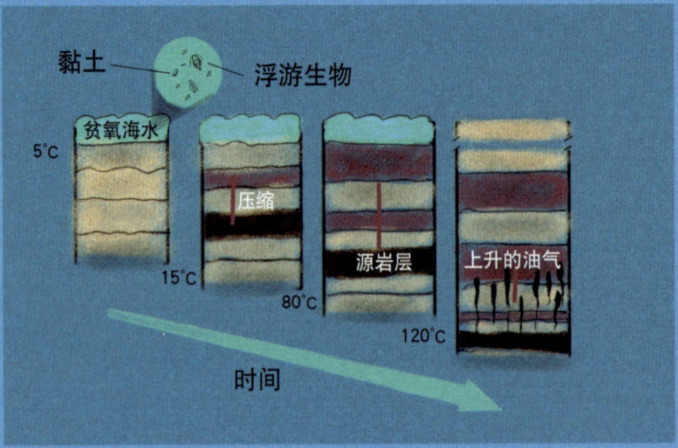

图 67　石油形成示意图（王政刚绘）

天然气水合物

天然气水合物是由天然气和水在高压、低温条件下形成的冰状结晶物质。因其外观像冰且遇火即可燃烧，所以又被称作“可燃冰”或者“固体瓦斯”“气冰”。

作为一种新型的烃类资源，天然气水合物具有能量密度高、分布广、规模大、埋藏浅、成藏物化条件好、清洁环保等特点，被喻为未来石油的替代资源。

据估计，地球海底可燃冰的蕴藏量约为 500 万亿立方米，相当于全球传统化石能源（煤、石油、天然气、油页岩等）储量的两倍以上，是目前世界年能源消费量的 200 倍。从全球来看，天然气水合物蕴藏量约为 5 万亿吨，可供人类使用 1000 年。

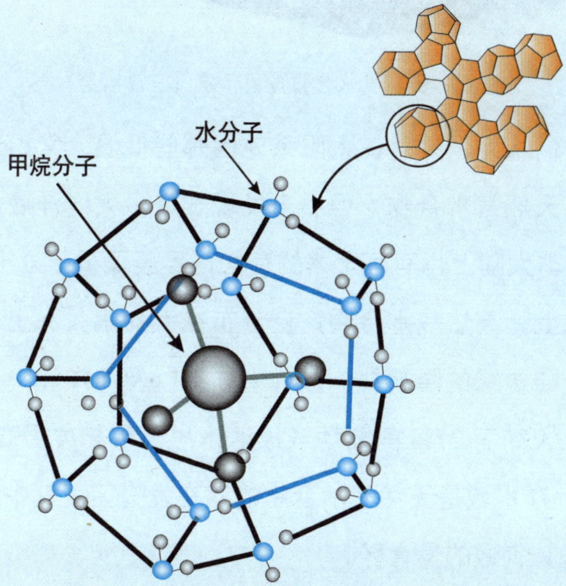

图 68　天然气水合物分子结构（田原绘）

天然气水合物存在于低温、高压的环境，通常出现在深层的沉积物结构中，或是在海床处露出。据推测，由于地理断层深处的气体上升迁移，与海洋深处的冷水接触后通过沉淀、结晶等作用，逐渐形成天然气水合物。

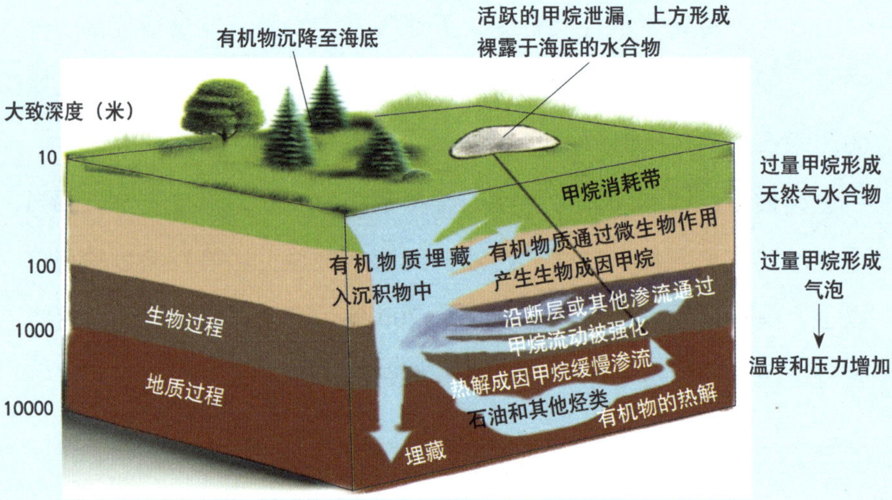

图 69 天然气水合物成因示意（王政刚绘）

最初人们认为，只有在太阳系外围那些低温、常出现冰的区域才可能出现天然气水合物，但后来发现在许多大洋洋底的沉积物底下，甚至地球大陆上也有可燃冰的存在，且蕴藏量十分丰富。

在地球上，天然气水合物广泛分布在大陆永久冻土、岛屿的斜坡地带、大陆边缘的隆起处、极地大陆架以及海洋和一些内陆湖的深水环境。大约有 27% 的陆地（极地冰川土带和冰雪高山冻结岩）和 90% 的大洋水域是天然气水合物的潜在发育区，其中大洋水域的 30% 可能是其气藏的发育区。

2013 年 6 ~ 9 月，中国在广东沿海珠江口盆地东部海域首次获得高纯度天然气水合物样品。2017 年 5 月，中国在南海神狐海域进行的天然气水合物试采获得成功，并且实现了超过一周连续稳定产气。我国的这次试采成功，是世界上第一次实现可燃冰的安全可控开采，在 60 天内开采超过 30 万立方米，日产 5000 立方米以上，创造了世界之最。

滨海砂矿

图 70　滨海砂矿

滨海的砂层蕴藏着丰富的石英、金刚石、砂金、砂铂、金红石、锆石、独居石和钛铁矿等稀有矿物。它们在滨海地带富集成矿，因此被称为“滨海砂矿”。滨海砂矿具有规模大、品位高、沉积物松散、矿体埋藏浅、易开采等优点。

图 71　石英砂

中国海岸线漫长，大陆架宽阔，岛屿众多，发育了各种不同的地质单元和地貌类型，有着良好的成矿条件，形成了丰富的砂矿资源。我国滨海砂矿主要分布在海南、广东、广西、福建、台湾、山东和辽宁。

滨海砂矿中含量最多的是石英矿物，石英中可提取硅，硅是一种半导体材料，被广泛应用于无线电技术、电子计算机、自动化技术和火箭导航等方面。

从金红石和钛铁矿中提取的钛，具有比重小、强度大、耐腐蚀、抗高温等特点，在导弹、火箭和航空工业上广泛应用。锆石具有耐高温、耐腐蚀和热中子难穿透的特点，在铸造工业、核反应、核潜艇等方面用途很广。独居石中含有多种稀有元素，铌可用于飞机、火箭外壳，钽可用在反应堆和微型电镀上。

陆地上各种岩石中的矿物或矿体经过数百万至数千万年，甚至上亿年漫长的风化剥蚀、分崩离析，由大碎块变成小碎屑，再变成砂粒，又在大自然中风和水流等作用下“远离故土”，聚集到入海河口、海湾等，堆积在近岸浅海地带，逐渐聚集形成滨海砂矿。

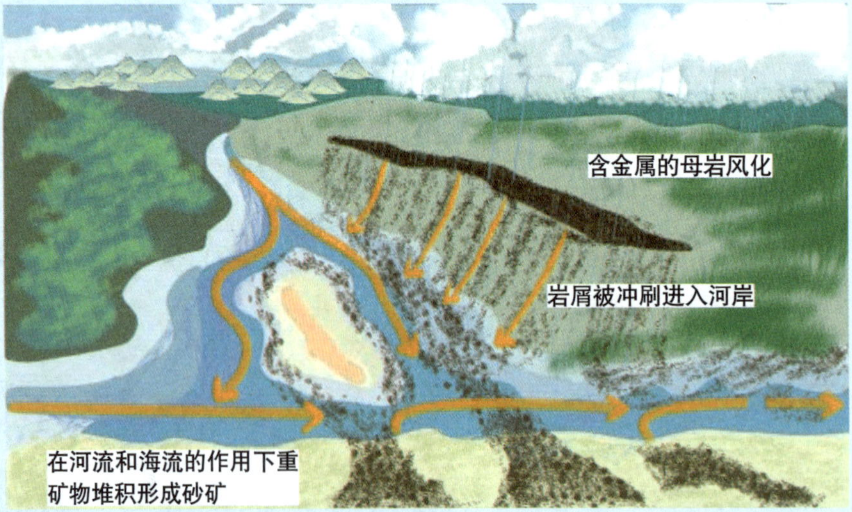

图 72　滨海砂矿的成因示意（王政刚绘）

4 海洋保护

海洋环境危机

美国哲学家戴维·法雷尔·克雷尔在《哲思与海》一书中写下了这样一句话："如果古人会谈论神明保佑的岛屿，那么在全球化的今天，我们就不得不提及海上的塑料垃圾岛。"作为一名海洋地质科研工作者，看到这句话的时候，不禁百感交集。海洋，对我来说，意味着什么呢？它不仅是我的研究对象，也不仅是我时常出入的"实验室"，更是让我魂牵梦萦的家园和故乡。

也许是在陆地上生活了太久，很多人都忘了，我们来自海洋。因为遗忘，所以人类更多地走向了肆无忌惮、嚣张跋扈的索取之路：随着人们对海洋认识的不断深入，开发利用规模不断扩大，海洋对人类的作用不仅是提供渔盐之利，也不仅局限于商业和军事利用，而且是现代工业赖以生存和发展的重要资源。

与此同时，正是因为工业的发展，人口和居住密度的增长，海洋一度成为各国有毒废料和核废料的倾倒空间。过去，人们局限于认知，曾认为海底空间广阔，可以容纳无数的废料和垃圾，直至付出了代价。1972年，随着《伦敦倾废公约》的颁布，人们才慢慢地意识到全面禁止放射性废物投放海洋的意义。尽管如此，“禁而不止”的事件仍有发生。

就在2023年9月，日本政府将核污水排进了海洋。这些污水中含有一些放射性物质，可能会对海洋生物和生态系统产生影响，并通过海产品和海洋水汽循环等对人类健康造成风险。

除核废料之外，深海垃圾尤其是塑料垃圾也已成为海洋环境的重要威胁因素。据悉，每年约有超过1000万吨的塑料垃圾进入海洋，导致海洋塑料垃圾数量巨大，难降解，逐步积累，无所不在。

海洋生态环境的整体性遭到了破坏，损害了海洋生物。人类处于食物链的顶端，摄入遭受污染的海洋生物，最终会严重威胁到人类的健康和生存。

图73 沾满石油的企鹅

图 74 充斥着塑料制品的海洋

海洋保护行动

对于热爱海洋的人来说，存在于他们想象中最可怕的画面莫过于：有一天，海水不再蔚蓝，鱼类纷纷逃窜，海洋生物快速减少，海洋变得一片死寂……希望这样的一天永远不要到来。

地球上的生命发源于海洋，海洋是“生命的摇篮”，保护海洋是我们一生的使命。

国际上已经制订了一些保护海洋的行动计划，我国也参与其中。保护海洋的任务首先是制止对海洋生物资源的过度利用，其次是保护好海洋生物栖息地或生存环境，要防止重金属、农药、石油、有机物和易产生富营养化的营养物质等污染海洋。保持海洋生物资源的再生能力和海水的自然净化能力，维护海洋生态平衡，保证人类对海洋的持续开发和利用。

问问科学家

问：什么是富营养化？

答：这是一种水质污染的现象，是由于海洋、湖泊、河流等水体中氮、磷等营养物质过多所引起。

近30年来，不少沿海国家和地区相继建立起各种类型的海洋保护区。海洋保护区能完整地保存自然环境和自然资源的本来面貌，能保护、恢复、发展、引种、繁殖生物资源，能保存生物物种的多样性，能消除和减少人为的不利影响，因此保护区的兴起，为人类保护海洋环境及其资源，开辟了新的途径。

5 向海洋强国迈进

我国是一个发展中的海洋大国。近海有渤海、黄海、东海和南海，又拥有长达18000多千米的海岸线和6500多个海岛，还对广阔的专属经济区和大陆架行使主权权利和管辖权，管辖海域近300多万平方千米，约为陆地面积的1/3。

我国有着源远流长的海洋探索历史，现代也实现了“上九天揽月、下五洋捉鳖”的理想，现在的中国，正在从海洋大国向海洋强国迈进。

21世纪是海洋的世纪，人类进入了大规模开发利用海洋的时期，海洋在国家经济发展格局和对外开放中的作用更加重要。党的二十大报告明确提出：“发展海洋经济，保护海洋生态环境，加快建设海洋强国。”海洋强国梦是中国梦的重要组成部分，蓝色国土的理念正逐步深入人心。认识海洋、利用海洋、保护海洋正是我们当代人的责任。

第六章

如何成为一名海洋科学家

唯有热爱，

才是事业和学习中绵绵不绝的动力。

作为一名海洋地质学的科研工作者，每次在全国各地给青少年做科普讲座的时候，我都会为地球代言，为海洋代言，向青少年朋友们发出热情的邀请，欢迎他们“入坑”，立志从事海洋科学工作，加入我们的队伍中来。

1 海洋科学家的日常

海洋科学家的日常是什么样的呢？

海洋科学涵盖的学科范围很广，有海洋生物、海洋化学、海洋地质、海洋地球物理、海洋气象等。不同学科方向的科研工作者做的日常工作肯定不一样。

作为海洋地质方向的科研工作者，我的日常工作主要分为几个部分：去往深远海域采集样品、进行课题申报与研究、参加学术会议与交流、参与科学传播与公益活动。

去往深远海域采集样品

我所在的自然资源部第二海洋研究所是自然资源部直属的研究所，我们的业务范围集中在深远海，即太平洋、印度洋和大西洋以及南大洋、南北极的调查，所以每年都会有一定的航次任务，出海科考是我和同事们的日常。

每一个航次涵盖了不同学科方向的调查任务，由不同专业的科考队员参加，也有其他涉海单位、高校的人员参加。因为我的研究对象是岩石样品，所以需要搭载航次任务获取海底岩石样品，包括海山、海沟的岩石样品，以及南极大陆的岩石样品。

我在2012年参加了大洋26航次的第一、第二航段，共3个月的时间，在船上负责地质组的样品整理与描述的任务。我们在船上时，除了自身任务之外，还有日常的值班任务。

2013年7～9月，我参加了大洋31航次——“蛟龙”号首次试验性应用航次，并执行了第72次深潜任务，在西太平洋的采薇海山下潜到了2774米，进行海山斜坡上的地质和生物的分布调查及取样，这在第三章已经详细介绍过了。

2017年11月到2018年4月，我参加了中国第34次南极科学考察，全程165天，负责地球物理组重力数据采集工作并在南极难言岛采集岩石样品。现在作为研究生导师，一些出海任务的机会给了学生，我近几年都没有再出海。

图75 参加大洋26航次（朱或摄）

图 76　南极科学考察时留影（郭松峤摄）

进行课题申报与研究

科研工作者的主业是做科学研究。我所在的实验室每年都有航次任务，这些航次任务都需要对目标区域的数据和样品进行分析，形成航次报告。很多人都会参与航次报告的编写，每人负责自己的一小部分。

除了航次报告之外，就是自己的课题了，我们需要向科技部、省科技厅、国家自然科学基金委员会、省自然科学基金委员会等部门申报研究课题，如果获得立项，就要针对课题任务中提出的预期目标进行研究，努力实现目标。课题的研究成果体现在研究报告和论文上，以学术论文为主，预期目标中会明确发表哪些级别的论文几篇，培养几名研究生等。

我的研究对象是岩石样品，我需要对研究区的样品开展区域地质学、岩石矿物学、岩石地球化学、深部地幔动力学、区域构造演化等方面的工作。有些基础的工作现在由学生来完成，比如对矿物的电子探针工作。

问问科学家

问：什么是对矿物的电子探针工作？这对于课题的意义是什么？

答：这是用来分析矿物成分的实验，以便了解矿物的组成成分，研究矿物成分是探讨深部地质过程的基础。

在完成研究任务的同时，我也需要指导研究生开展科学研究工作，发表学术论文，达到毕业要求，完成毕业论文。

指导学生是工作中比较轻松愉快的一部分，我经常和学生一起讨论课题与聚餐。课题组内部氛围融洽，学生们都很优秀。2023年，我有两个毕业生已经进入浙江大学攻读博士学位，我也继续担任他们博士阶段的副导师。

参加学术会议与交流

科研工作者每年都有机会参加行业内的学术会议，和同行进行学术交流，还可以自己张贴学术海报或者作口头报告，听取别人的报告等。

针对自己感兴趣的话题或者学术观点和国内外学者一起探讨，分享各自学术成果并进行可能的合作，比如邀请相关研究领域的学者参加自己的研究课题，一起去野外采样，一起撰写文章，并一起发表学术论文。

这个过程非常愉快，因为合作能产生更多思想火花，产出更好的学术成果。在参加学术会议的同时，还可以到世界不同的地方去走一走、看一看。

图 77 赴日本参加日本地球行星科学学会（JPGU）国际会议展示学术成果（吴招才摄）

图 78 参加世界青年科学家峰会（陈科芳摄）

参与科学传播与公益活动

近年来国家重视科普工作，作为科研工作者，我积极响应号召，参与了很多科学传播活动。科学传播并不是简单地传播科学知识，更多的是引导大家形成理性的思维方式，有独立思考的能力。

公众科学素养的提升是科技强国的基础，对青少年创造力进行引导和培养是未来大国之间科技竞争的关键。少年强则国强，在信息大爆炸、短视频快速刺激多巴胺的背景下，更多科普视频的传播，更多优质内容的出现，更多理性声音的出现，是非常必要的。

很多人觉得科学很高深也很枯燥，其实不然，科学是很好玩的，只有深度理解事物的本质，看清事件的底层逻辑，才能最大限度地理解世界，形成理性、客观的思维方式，获得平和的心态，走向事业的成功，获得家庭的和美，避免低效率和内耗。

我积极投身于各个平台、各类学校、各种活动中的科学传播工作，从不给科学传播的场合设限。比如，参加艺术人文活动，因为这些活动也需要科学艺术融合，在华丽的时尚盛典上发出科学的声音，我认为这也很有意义。

自 2013 年起，我在央视频、新华社客户端、科普中国、学习强国、全国妇联、团中央、中国科技馆、浙江图书馆等平台，以及高校、中小学做科普讲座百余次。江苏广播和南京博物院共同举办的“2021 跨年知识分享大会”在线直播受众超 1000 万人。

在《科学 24 小时》《百科探秘》等杂志发表《海底的山脉及其资源》《海底高原》等多篇科普文章，出版科普译著《伟大的探险》并获自然资源部优秀科普图书奖。《遇见采薇》获得 2019 年科普文创“科普科幻青年之星计划”科普类三等奖，《在深海绽放》获得“我与新时代”全国征文大赛三等奖。

我作为全国优秀青年代表到人民大会堂参加了纪念五四运动

100周年大会，在《人民日报》理论版发表《奋斗是青春最亮丽的底色》，两次成为《中国妇女》杂志封面人物，在广大女性和青少年中起到了科学传播与榜样引领作用。

我参与格致论道讲坛、MOMO直播“给乡村孩子的科学课”的在线直播（面向22省150所小学），为偏远山区小学生带去生动有趣的科学课程。在乡村振兴的国家大计下，我去了地处偏远的云南、贵州、四川的大山深处，为留守儿童及孤儿带去一线科考探秘见闻；为西部少数民族特色女童班授课，让她们领略到大山以外的诗与远方，帮助她们树立远大人生理想，在她们心中种下科学的种子。

大家总在引导青少年以科学家为榜样，提倡“科学家才是我们要追的星”。但这些不能只是口头说说，我们要让所有人真正看到，科学家的科研工作和生活是美好的、有意义的，这样青少年才会真正向往。

2021年5月20日，“她·未来——西部女童科技教育活动”线下活动第一站走进云南省文山壮族苗族自治州广南县城区第一小学校。我结合自己的亲身经历，为6个少数民族“女童班”的100名女童做了一场题为《保持理想 向阳而生——从深海到南极，探索的脚步不停止》的讲座。

讲座中，现场的同学们全神贯注，眼神中充满了对于科学探索的向往。我从海底资源类型及分布，讲到自己搭乘“蛟龙”号下潜深海的经历及所见所闻，带着同学们体验了一场海底奇幻之旅。之后，我又介绍了自己参与南极科考的经历，结合一张张照片进行细致讲解，同学们仿佛已经到达南极，身临其境地感受了科研之美与坚持之乐。

讲座结束后，同学们纷纷找我签名，她们有的拿着听讲座时为我画的画，有的拿着自己心爱的玩偶。拿到签名后，她们的脸上都露出了开心的笑容。同学们说：“以前看到的科学家都是满头白发，而唐老师又年轻又漂亮，长大以后我也要成为唐老师这样的女科学家。”这一枚小小的签名，也许会成为一颗小小的科技种子，悄悄地在这些女童的心中生根发芽。

签名结束后，我换上民族服饰与女童合影留念。还有的女童通过写信、写便签的形式，表达了对讲座的喜爱以及对科学的向往。陆丽芳小朋友写道：“谢谢您，唐立梅老师，是您激发了我学习的动力！听了您的讲座以后，我突然觉得科学家好伟大。长大以后，我也要去探索南极，您要在那儿等我哟！一言为定！”这些珍贵的经历，也坚定了我开展科普工作的信念，为科技强国贡献自己的力量。

此外，我也参与了一些电视台节目的录制，在节目中讲述了海洋基本知识和海洋科考的小故事，向节目观众展示了科考中的诗和远方。

图 79　浙江省科学家精神进校园活动之一：走进浙江海洋大学（梅雨婷摄）

同时，我也以女科学家的身份参与了一些带有女性科技工作者特色的工作，比如“她力量”“巾帼心向党”等，还受邀参加了金砖国家女性领导力论坛、博鳌亚洲论坛 2023 年女性圆桌会议等活动。

问问科学家

1. 问：日常工作中，您觉得自己是一个什么样的人？

答：我觉得自己算是一个有独立思考能力、能看到事物本质，又能尽快执行的人。我的性格果敢坚韧，在工作中我能持之以恒。这些性格特质对工作的影响就是，只要是我认定的事情，我就会一直坚持下去，即使遇到困难，也不放弃。此外，我还能另辟蹊径，能保持头脑清醒和谦卑心态，既能发散思维也能聚焦思维。

2. 问：随“蛟龙”号深潜科考的经历对您的工作产生了什么样的积极影响？

答：跟“蛟龙”号深潜到 2774 米的采薇海山执行任务的经历，让我收获了更稳定的心态，也磨砺了我的意志，让我在科研道路上更加坚韧，不怕苦、不怕累。与大海的亲密接触，让我的心胸变得更为宽广。当然，这些也得益于我的地质学专业训练。随着时间的推移，它让我对宇宙、对太阳系、对地球演化史、对人类与海洋的关系的认识和思考变得越来越深。在宇宙面前，在海洋面前，人类是渺小的，生命的真正意义就是探索未知，延续人类文明。

3．问：职业思维方式对您的日常生活有什么样的影响？

答：因为地质学专业的关系，我对时间单位的认知可能跟一般人不太一样。如果有人跟我说 10 年、50 年是漫长的，我可能第一反应就是宇宙存在 138 亿年，地球存在 46 亿年了。晨跑的时候，看到路边的树，别人在关注它的花开花谢，我可能更多地在思考我跟它没有太大区别，我们都是碳基生命。我可能还会想象它们在中生代是什么样子，会回忆地球上什么时候开始有了第一棵裸子植物、被子植物。想到这里就更难控制思绪，我会想这时候的恐龙在干什么。总之，我因为这些学习和思考而从来没有无聊的时候。我从不孤独，我和宇宙一体。

2 如何参与海洋科考事业

参加海洋科考有很多必须满足的条件，比如学历。一般来说，硕士学历参加科考的机会不多，除非你属于航次组织单位，比如自然资源部第二海洋研究所（地点杭州）、自然资源部第一海洋研究所（地点青岛）、自然资源部第三海洋研究所（地点厦门）等。这些单位的硕士在读研期间就有机会出海，甚至参加南北极的航次。

这里为什么先说第二海洋研究所，是因为第二海洋研究所是深远海调查和南北极科考的主力单位，机会更多。

科考队员中也有硕士学历的，但一般是随队记者。科考对随队记者的要求其实也很高，他们大多来自中央电视台、新华社、中国海洋报社和科技日报社等主流媒体。

所以，有志于未来投身海洋科考的青少年朋友们，在海洋相关专业里攻读博士学位是有必要的。此外，做研究工作需要有耐心，能静下心来长时间坐“冷板凳”，还需要严谨的思维能力、逻辑能力和学术交流时的表达能力。只有真正喜欢做研究，这个过程才不会觉得痛苦。

为了实现海洋科考的目标，攻读海洋地质方向博士学位的研究所或者学校，既可以是海洋类或者地质类院校，也可以是大洋调查和南北极考察的参与单位。这类单位很多，除了上文介绍的自然资源部直属的三个研究所（还有新成立的海洋四所，在广西北海，但海洋四所从事深远海和南北极的考察机会不多，主要服务地方）之外，中国科学院南海海洋研究所、中国科学院深海科学与工程研究所、北京大学地球与空间科学学院、南京大学地理与海洋科学学院、浙江大学地球科学学院、浙江大学海洋学院、中国科学院地质与地球物理研究所、中国地质科学院、南方科技大学海洋科学与工程系、中山大学海洋科学学院、中国海洋大学、中国科技大学、中国地质大学、上海交通大学海洋学院、同济大学、厦门大学、广州海洋地质调查局、原国家海洋局信息中心和预报中心等都是科考的参与单位（详见附录，个人信息有限，没有提及的，敬请谅解）。

毕业之后，如果你能去位于上海的中国极地研究中心或者自然资源部的几个研究所，或者那些作为以上航次参加单位的高校工作，从事海洋地质或者岩石大地构造、地球动力学方向的研究，申报相关课题（国家自然科学基金等），重点是在相关团队工作，那么，出海或者去南极、北极就是你的工作日常了。

至此，你的海洋科考梦想将完美实现！期待你在海洋科考中有完美表现！

这里，我还要提醒一点：你需要想清楚自己是真心喜欢研究工作，还是只想去看一下海底风光或者极地风光。

如果不是真心喜欢研究工作，就算实现了去一趟海底或者极地的梦想，也并没有太大意义。去了，回来了，如此而已。科研成绩不是随随便便可以做出来的。

在 2020 年前，每年大约有 5000 个中国人去南极旅游，有专门的旅游团，非常便捷。如果你选择其他工作，通过旅行去一趟南极，其实也是到达极地的一种方式。

各行各业都有自己的魅力与艰辛，我们应该遵从内心，选择自由。世界上从来就没有理想的工作，只有理想的人。艰难困苦，玉汝于成。我们都是普通人类的一员，人类的进步，皆是我们的进步。

生命不息，探索不止。让我们一起探索更美好的未知世界，成为更好的自己。

3 给未来科学家的几点建议

作为一名海洋地质学的科研工作者，每次在全国各地给青少年做科普讲座的时候，我都会为地球代言，为海洋代言，向青少年朋友们发出热情的邀请，欢迎他们“入坑”，立志从事海洋科学工作，加入我们的队伍中来。

我期待青少年朋友们从今往后都能发自内心地热爱科学，哪怕不当科学家，当一个科学爱好者也是很有趣的。

下面是我多年来做科普讲座时与青少年朋友交流的一些收获和感慨，也是给他们的一些建议。如果你立志成为未来的科学家，那你更应该从今天开始对自己提一些要求，对照理想，积极地去改变。

希望青少年的视野更开阔

我们不要拘泥于眼前的小世界，而是以宇宙为背景，以自己是35亿年的星际物质进化而来的智慧体来珍惜自己、看待自己，以全球和人类命运共同体为视野，为了让世界变得更美好而尽力。美美与共，天下大同。

未来科学家需要哪些特质

未来，无论我们的文明和科技达到什么样的程度，我认为科学家应该具备的首要特质是毅力，搞科研需要持之以恒。对于科研事业，最重要的是热爱。唯有热爱，才有源源不绝的动力。

我从小的理想就是长大了当科学家，但那也只是一个遥远的梦想。一步一步地实现梦想，是一个渐次成长的过程。我从小就喜欢学习，十分享受学习知识带来的快乐。我认为，兴趣和爱好是可以培养的，培养的方法就是坚持。如果开始喜欢一件事，那就一直坚持下去，最后一定会有所收获，这种收获带来的成就感会形成正反馈，让你更加热爱自己喜欢的那件事。但在这个过程中，一定也会有枯燥、令人讨厌的部分，这时候你就需要通过其他方式调整心态。一旦过了瓶颈期，你就会完全地乐在其中了。

年轻时就找到爱好和特长，并将其作为一生的事业，是最幸运的事。如果没找到，那就把自己能做的事情做到极致，也会产生巨大的成就感。

培养自己的幸福力和创造力

生命的意义在于创造和感受幸福。我们要做入世的强者、出世的智者。无论时代如何变化，人类对幸福的追求不会变。我们创造未来，同时也要在创造中感知幸福。

从事热爱的事情才能激发创造力，形成心流状态，取得一定的成就。成就感会让人备感幸福，同时又继续激发出更大的潜能，取得更大的成就。拾级而上，步步攀登，一定可以到达更高的顶峰。山高人为峰，人的头顶上还有璀璨的星空，星辰大海是我们的征途，无限的宇宙等待我们去探索。勇于探索，无畏前行。

4 我是如何成为科学家的

1981 年，我出生在河北省蠡县农村一个贫寒的家庭。

1988 年，7 周岁的我进入小学。一个新奇的世界从此在我的眼前打开了，读书是多么美好的事情！每天可以吸收新知识，回家写作业时还不用干农活。

“三天不练口生，三天不写手生”“世上无难事，只要肯登攀”“只要功夫深，铁棒磨成针”，这些简单却励志的道理，从儿童时期就开始深深烙印在我心里。这些也是母亲说得最多且让我记忆最深刻的几句话，深深影响了我三十几年。

我小学时各科成绩都不错。我是听话的好学生，老师布置的作业都会认真完成。小伙伴放学后会约着一起玩，有时耽误了写作业。但是我就算熬到半夜也会把作业写完，从来不会在第二天不交作业。

有一次，数学老师布置了手工作业，让大家放学后用树枝或者秸秆做一个三角形，检验三角形的稳定性。大家都没当回事，第二天，老师在课堂上问起时，只有我从桌子里拿出了自己用秸秆和钉子做好的三角形，我因此得到表扬。这也让我深刻地认识到了三角形的稳固性，因为那个三角形真的怎么拉拽都不变形。

太小的时候还不知道压力是什么，每次考试我都能正常发挥，小学毕业时考上了重点初中——缪营中学。我们班里40多个学生，一共考上了4个人，这算是学校考得不错的一年了。

中学离我家有30里路，我们需要住校，周末才能回家。在学校宿舍，我们住的是大通铺，一间大屋子，木板床，十几个人住一间。大家都用自行车从家里带面来换饭票，买馒头吃。菜票要花钱买，五毛钱一份的菜大家都嫌贵，我们经常吃两毛钱一份的咸菜，或者花五毛钱买一袋辣酱，抹一点在馒头上，喝点凉水，就是一顿饭了。

周末回家返校时，妈妈都会让我和哥哥带些菜，带得最多的是芹菜和煮花生拌在一起的凉菜，有时候有鲅鱼，这些菜带回学校可以吃好几天。那时候方便面刚刚流行，大家都觉得好吃。有一次回学校前，妈妈煮了方便面给我吃，里面放了6个鸡蛋。那时候家里养鸡，鸡蛋是管够的。两个孩子都上了重点初中，爸爸和妈妈都觉得很有盼头。

那个年代过年时都流行贴年画，大部分是明星年画，有一年的年画上画的是一份早餐：一杯橙汁，一个面包，一个鸡腿。画面看起来美好诱人，全家人都觉得如果能过上这种生活该多好。现在回想起来，虽然那就是一份如今被称作“垃圾食品”的肯德基套餐，但在那时候却是美好生活的代名词。

转眼到了中考，我的成绩一直很稳定，模拟考的时候是班级第一名。中考时考了全班第二名，顺利考上了重点高中，语文成绩全县第一名。

高一刚入学时，由于学校规定离家近的学生走读，我家离学校5公里，所以被划在走读生的范围。我初中时就已经住校了，除了吃饭、睡觉之外就是分秒必争地学习。现在上高中了，反而每天要在路上花费将近 2 小时的时间，而且农村的晚上经常停电，要点蜡烛来看书，很不方便。耽误这么多学习时间，学习环境也不好，这对我来说是一个沉重的打击。

那时家里虽然经济不宽裕，但我也要求爸爸给我买一个书包，用来骑车时装书和作业，还花 15 块钱买了一块手表，以免迟到。走读了 2 周，我非常难过，觉得特别浪费时间，因而深深羡慕那些住校的同学每天下午吃完饭就可以上晚自习，根本不会把时间浪费在路上。

后来，爸爸带我去找了班主任王晓彩老师，说明了情况，离家远，走读不方便，想要住校。没想到班主任一口就答应了，说学习这么好的学生，当然可以住校。我们本来以为很难的事情一下子就解决了，这下我可以跟其他同学一样在学校上自习了，可以节约很多时间，这让我非常高兴。

上高一时，我的成绩一直保持在班级前三名。高二分文科班、理科班时，按文科成绩排名我是第三名，按理科成绩排名我是第二名，于是在班主任的建议下我选择了理科班。

现在回想起来，其实我是很喜欢文科的，尤其是喜欢语文，喜欢古诗词。每当读到优美的句子，心里总有一股现在我们叫作“心流”的东西——就是做一件事时真心喜欢，有愉悦感。只是十几岁的孩子并不清楚自己的喜好，老师让读理科就读理科吧。成为科学家之后，我还经常想，如果当初选择了文科，现在是不是已经成为作家了。

我在高考时发挥失常了。虽然我一直向往的是浙江大学，班主任甚至认为我上清华、北大都是有可能的，但最后学校是调剂的，专业也是调剂的。我上了一所非常普通的二本学校。工作之后，我到工地上做地基处理，一年后还清了上大学时欠的学费，又攒了几千块钱，辞职考研，一个人到偏远的兰州大学去复习。

辞职考研的岁月大约是我人生中最艰难的一段日子了。我辞了职，背水一战，考不上的话工作也没有了，这是需要一点勇气的。那时，我经常勉励自己的就是“天将降大任于斯人也，必先苦其心志，劳其筋骨，饿其体肤……”

在一个被失眠折磨得疲惫不堪的下午，我坐在公交车上，头向后仰着靠在座位上，想着：“这是人生最低谷，过了这个低谷就会一直向上。”如今回想起来，我还是要感谢自己当初的坚持。那时虽然辛苦，但我也没向家里说过一个难字，我对父母从来都是报喜不报忧的。

考研时由于压力太大，我再次发挥失常，结果又是面对调剂的命运，我被调剂到遥远的云南。读研期间，为了克服心理素质差的缺点，我主动去当班长，当系办秘书，去给专科班代英语课。最后我用两年时间完成了硕士阶段的学习，提前一年毕业，考上了浙江大学的博士。这样，我终于可以去自己心仪的学校了。为了这一天，我等了太多年。这一路的坚持都没有白费，过程虽然曲折，但最终还是抵达了想去的地方。

其实后来我才知道，读博，真正的辛苦才刚刚开始。工科背景的我一开始根本不知道地质学的科学研究为何物，刚入学时也很迷茫。这时幸好有博导陈汉林教授的鼓励与指导，于是我每天早上6点多乘校车从玉泉校区到紫金港校区，跟随本科生一起从《岩石学》

学起，开始了从 0 到 1 的跨越。

我的博士论文要做的课题是国家重点基础研究发展规划 973 项目的一个子课题——海南岛中生代大陆边缘岩浆活动。导师和实验室其他老师两次带我去海南岛跑野外，采集样品，一次在寒假，一次在暑假。寒假时还好，海南岛温度适宜，整天跑下来也没什么问题。暑假时，海南岛正是高温天气，日照也非常强烈，在野外观察岩石出露情况、描述手标本和采集样品时真是汗如雨下，至今老师们湿透的后背和擦汗的样子犹在眼前。在取得丰富的样品之后，我每天一大早就坐公交车去离学校很远的实验室碎样、筛分、挑锆石。之后我到中科院和南京大学的实验室做测试分析，最终取得了不错的数据，开始撰写科研论文。写论文期间有过无数次的彷徨，尤其冥思苦想一个问题多日之后，突然以为醍醐灌顶了，然而一查阅文献发现是已经存在的或者错误的观点。

问问科学家

问：什么是手标本？

答：手标本是指野外科学考察时使用地质锤等工具敲下来的样品，既可以拿在手上观察，也可以使用放大镜观察细节。

我特别感谢导师陈汉林教授，当我拿着论文初稿给他看时，现在回想起来那初稿真是惨不忍睹，但导师对我永远是鼓励，说：“初稿写成这样已经不错了，你的大师兄第一篇论文发表时改了17遍。”

每一个人的读博史都是一部“血泪史”，在经历一个近乎涅槃的过程之后，终于柳暗花明，论文发表了，我按时拿到博士学位。读博经历让我深切感受到了地质学的魅力，同时也初步踏上了科研之路。

毕业前夕，海洋二所两位科学家到浙江大学做了两场他们在大洋发现海底热液硫化物“黑烟囱”的报告，点燃了我对海洋科考的向往之情。毕业后我到海洋二所面试，幸运的是我被录取了，从此与海洋结缘，开始了科考旅程。

我花了二十几年的时间从一个普通的农村女孩逐渐成长为一线科研工作者，参与国家专项，为人类探索大洋与南极，解决最前沿的科学问题，这都是一路学习奋斗坚持的结果。

无奋斗，不青春，奋斗中的快乐才是最充实且最有意义的。

附录

我国涉及海洋相关专业的高校和科研机构

1. 自然资源部第一海洋研究所

自然资源部第一海洋研究所（以下简称“海洋一所”）始建于1958年，是自然资源部直属事业单位。1964年，整建制划归原国家海洋局，更名为国家海洋局第一海洋研究所；2018年，并入自然资源部，更名为自然资源部第一海洋研究所。海洋一所是从事基础研究、应用基础研究和社会公益服务的综合性海洋研究所。

海洋一所以促进海洋科技进步为使命，服务于海洋资源环境管理、海洋国家安全和海洋经济发展，是国家科技创新体系中的重要海洋科研实体。海洋一所致力于研究中国近海、大洋和极地海域自然环境要素分布及变化规律，重点包括海底过程与资源、海洋环境与数值模拟、海洋生态安全与修复、海洋气候与防灾减灾、海洋环境信息与保障、海洋空间管理与规划六大领域。

2. 自然资源部第二海洋研究所

自然资源部第二海洋研究所（以下简称“海洋二所”）创建于1966年，是一个学科齐全、科技力量雄厚、设备先进的综合型公益性海洋研究机构，隶属于自然资源部，主要从事中国海、大洋和极地海洋科学研究，海洋环境与资源探测、勘查的高新技术研发与应用。

海洋二所建有自然资源部系统内唯一一个国家重点实验室——卫星海洋环境动力学国家重点实验室和3个自然资源部重点实验室，与浙江省共建有浙江省海洋科学院。此外，海洋二所还建有海洋检测中心、海洋标准物质中心等技术服务机构和技术支撑体系，在浙江临安建有科技研发基地。

3. 自然资源部第三海洋研究所

自然资源部第三海洋研究所（以下简称“海洋三所”）创建于1959年，是自然资源部直属的国家公益性综合型海洋科学研究机构，主要从事海洋基础研究、应用研究和高新技术研究，促进海洋科技进步，为海洋管理、公益服务、海洋经济发展及海洋安全提供科技支撑。

海洋三所重点发展深海生物研究与海洋生物资源开发利用、全球变化与区域海洋响应、海洋生物多样性与生态系统保护、应用海洋学4个学科领域12个研究方向，建有自然资源部重点实验室2个、自然资源部工程技术创新中心1个、福建省重点实验室1个和自然资源部野外科学观测站 2 个，以及面向服务经济社会建设为主的厦门海洋工程勘察设计研究院有限公司。

4. 自然资源部第四海洋研究所

自然资源部第四海洋研究所（以下简称“海洋四所”），加挂“中国—东盟国家海洋科技联合研发中心”牌子，与广西海洋发展研究院，实行“一个机构、一套班子、一体管理”，是以自然资源部管理为主的国家级公益性、综合性海洋科学研究机构，由自然资源部和广西壮族自治区人民政府共建。

海洋四所是开展海洋自然资源领域基础研究、应用基础研究和高新技术研发的国家级科研院所，聚集和培养优秀科技人才，为自然资源部履行“两统一”职责和助力广西海洋经济高质量发展提供科技支撑。

海洋四所的总体定位是立足北部湾，辐射东南亚，以服务海洋生态文明建设，践行“21 世纪海上丝绸之路”倡议，助力广西海洋经济高质量发展为使命。

5. 中国科学院南海海洋研究所

中国科学院南海海洋研究所成立于 1959 年 1 月，是国立综合性海洋研究机构。重点研究热带边缘海海洋水圈—地圈—生物圈圈层结构及其相互作用特征与演变规律，探讨其对资源形成和环境变化的控制与影响，发展具有南海特色的热带海洋资源与环境过程理论体系和应用技术。以生态安全与绿色发展、海—陆—气相互作用与环境安全、边缘海与大洋板块相互作用和环境保障为战略主题，聚焦生态文明和海洋建设，着力突破海洋领域前沿科学问题和关键核心技术，力争建成国际水平的热带海洋科学研究、人才培养、成果转移转化三高地，从而为发展我国海洋经济和维护海洋权益作出基础性、战略性和前瞻性贡献。

6. 中国科学院深海科学与工程研究所

中国科学院深海科学与工程研究所是直属中国科学院的科研事业单位，位于海南省三亚市鹿回头半岛。设有深海科学研究部、深海工程技术部和海洋装备与运行管理中心三个主要业务单元。深海科学研究部下设深海生物学研究室、深海地质与地球化学研究室、深海地球物理与资源研究室等 8 个基本研究单元。深海工程技术部下设深海探测技术研究室、深海信息技术研究室、深海资源开发研究室等 7 个基本研究单元。海洋装备与运行管理中心主要围绕科考船舶、深海装备、科研码头等资源，开展建设和运行的组织管理与协调工作，管理船舶航次，提供科考作业技术支持，为科学考察和研究提供应用平台与技术保障，同时负责船员和工程技术人员的管理和培训。

7. 中国科学院地质与地球物理研究所

中国科学院地质与地球物理研究所是 1999 年 6 月由中国科学院地质研究所和中国科学院地球物理研究所整合而成。2004 年，中国科学院武汉物理与数学研究所电离层研究室整体调整到本所。整合后的地质与地球物理研究所是目前中国最重要和最知名的地学研究机构之一。

研究所建有岩石圈演化国家重点实验室，地球与行星物理、页岩气与地质工程、矿产资源研究、油气资源研究、新生代地质与环境5个中国科学院重点实验室，以及中国科学院深地资源装备技术工程实验室。科技平台建有地球与行星物质成分分析与性质分析、地质年代学测定、地球内部结构探测、空间环境探测、古环境模拟与数据分析、地学大数据与人工智能、数据管理与数值模拟、科研实验仪器研制与应用、深地装备研发等地球与空间一体化分析—观测—探测—模拟—研发平台，拥有地质学、地球化学、地球物理学、行星科学、地质资源与地质工程等学科研究中最主要的仪器设备，具备对地球和行星进行全方位综合研究的能力。

8. 中国地质科学院

中国地质科学院（以下简称“地科院”）研究生教育始于20世纪60年代初，1981年经国务院学位委员会批准为有权授予博士和硕士学位的科研单位。1991年，经全国博士后管理委员会批准，建立地质学博士后流动站。地科院是自然资源部中国地质调查局目前唯一一所博士学位授权单位和博士后科研流动站设站单位。

9. 北京大学

北京大学地球与空间科学学院于2001年10月26日正式成立。

新组建的地球与空间科学学院由原北大地质学系、地球物理学系的固体地球物理学专业、空间物理学专业、北大遥感所以及城市与环境学系的GIS等专业组成。它是我国地球科学人才培养的重要基地，承担着为国家现代化建设输送地质学、地球物理学、空间科学、遥感、地理信息系统和测绘科学与技术等方面的高级专门人才的重任，是北京大学创建世界一流大学的一支重要力量。

10．浙江大学地球科学学院

浙江大学地球科学学院前身是1936年由时任校长竺可桢先生创办的史地系。学院经历过抗战西迁、院系调整、四校合并，虽几经风雨依然生生不息，蓬勃发展且人才辈出。在这里学习和工作过的院士有30余位，其中包括我国地球科学领域的奠基人，如叶笃正、施雅风、陈述彭、陈吉余、周志炎、涂长望、谭其骧等老一辈院士，也有新一代学科领军人物，如丁仲礼院士、杨文采院士、杨树锋院士、彭平安院士、徐义刚院士等。

11. 浙江大学海洋学院

浙江大学海洋学院是浙大在杭州本部以外建立的首个办学特区，坐落于中国第一大群岛和重要港口城市舟山。海洋学院前身为2009年成立的浙江大学海洋科学与工程学系。2015年9月入驻舟山校区办学。海洋学院是一所以“高起点、强辐射、可持续、国际化”为发展理念的专业型、研究型学院。

12. 南京大学

南京大学地球科学与工程学院在原地球科学系基础上于2008年1月正式成立。目前学院设有三个系：地球与行星科学系、水科学系和地质工程与信息技术系。

13. 中国海洋大学

中国海洋大学是一所海洋和水产学科特色显著、学科门类齐全的教育部直属重点综合性大学，是国家“985工程”和“211工程”重点建设的高校，2017年9月入选国家“世界一流大学建设高校”(A类)。

14. 上海交通大学

上海交通大学是我国历史最悠久、享誉海内外的著名高等学府之一，是教育部直属并与上海市共建的全国重点大学。上海交通大学海洋学院由上海交通大学和自然资源部第二海洋研究所合作共建。设有物理海洋、化学海洋、生物海洋与海洋生物、海洋地质及海洋技术等学科方向，致力于探索海洋环境生态、生命和气候变化的现象与过程，发展海洋观测和分析的传感器与平台技术，研究与海洋环境保护、资源可持续利用、海洋权益相关的战略和政策，服务于国家海洋资源开发、生态环境保护等。

15. 厦门大学

厦门大学，由著名爱国华侨领袖陈嘉庚先生于1921年创办，是中国近代教育史上第一所华侨创办的大学。厦门大学海洋学科起步于20世纪20年代初，1996年组建海洋与环境学院，2011年成立海洋与地球学院，2017年厦门大学海洋学科入选国家“双一流”建设学科名单。

学院拥有海洋科学国家一级重点学科，海洋科学一级学科博士学位授权点和博士后流动站；已建成了一个涵盖海洋生物科学与技术、海洋化学与地球化学、物理海洋学、应用海洋物理与工程、地质海洋学等专业在内的门类齐全、层次完整的学科体系。

16. 中山大学

中山大学由孙中山先生创办，有着100多年办学传统。作为中国教育部直属高校，通过部省共建，中山大学已经成为一所国内一流、国际知名的现代综合性大学。

中山大学海洋学院成立于2008年，2015年更名为海洋科学学院。学院按一级学科培养本科生、二级学科培养硕士生、三级学科培养博士生的思路，构建并实施了海洋科学专业本硕博一体化课程体系。

17. 同济大学

同济大学历史悠久、声誉卓著，是中国最早的国立大学之一，是教育部直属并与上海市共建的全国重点大学。同济大学海洋与地球科学院成立于2002年，其前身是创建于1975年的海洋地质与地球物理系。

同济大学海洋与地球科学学院本科设有地质学（海洋科学）专业，设海洋地质、石油地质、宝玉石学和海洋工程地质等专业方向，地球物理学专业设反射地震学、综合地球物理方法、地球内部物理与地球动力学、储层地球物理学、环境与工程地球物理学等专业方向，海洋技术专业设海洋信息技术、海洋传感探测技术两个专业方向。

18．南方科技大学

南方科技大学是深圳在中国高等教育改革发展的时代背景下创建的一所高起点、高定位的公办新型研究型大学。

南方科技大学海洋科学与工程系2015年12月创系，主要研究领域包括海洋板块和地球内部结构、海洋岩石圈与边缘海相互作用、海洋沉积与油气和矿产资源；海洋地质微生物、海洋微生物资源、生物地球化学；大洋环流与气候、海气相互作用；海洋工程技术、海洋工程结构、深海探测仪器研发等。

注：本人信息有限，文中只收录整理了18家科研机构和高校，近年来又有一些新成立的海洋学院，文中未收录。

参考文献

[1] 巴西国油新五年计划与深水盐下（Pre-Salt）油田开发法案修订 . (2016）. 中国石油和化工经济分析，000（011），58-59.

[2] 曾祥裕，朱宇凡 . (2020）. 印度海洋安全环境：新变动与新挑战 . 南亚研究季刊（1），8.

[3] 刘洪滨 . (2022）. 开发我国滨海砂矿资源 . 海洋开发 .

[4] 刘中奎 . (2017）. 未来能源之星——可燃冰 . 地理教育（9），1.

[5] 孟伟，王小波 . (2016）. 深水油气开采要“中场休息”. 石油知识（6），4.

[6] 彭轩明 . (2018）. 钻“冰”取火三两事 . 国土资源科普与文化（2），2.

[7] 随峰堂，窦新钊 . (2016）. 两淮煤田煤系非常规天然气的系统研究及其意义 . 中国煤炭学会矿井地质专业委员会 2016 年学术论坛论文集 .

[8] 唐立梅 . (2015). 海底的山脉及其资源 . 百科探秘：海底世界（Z1），3.

[9] 唐立梅，陈灵，王嵘 . (2019）. 深海世界里的山脉与资源 . 科学 24 小时（6），4.

[10] 校韩立，吴奇，梁红军，姜峰，王占文 . (2015）. 坦桑尼亚某海滨锆钛砂矿工艺矿物学研究 . 有色金属工程，5（5），50-50.

[11] 杨克红 . (2018）. 长得丑？但价值无限！百科探秘：海底世界（6），2.

[12] 杨克红，董彦辉 . (2019）. 深海盆地矿产资源知多少 . 科学 24 小时（6），4.

[13] 于淼，邓希光，姚会强，刘永刚 . (2018）. 世界海底多金属结核调查与研究进展 . 中国地质 .

[14] 张翼飞，杨金鹏，吕美东 . (2018）. 中国海底矿物资源现状及前景 . 南方农机，49（13），2.

[15] 赵俐红 . (2005）. 中西太平洋富钴结壳生长海山的构造成因研究 . 中国科学院海洋研究所 .